El Cristiano Como Ministro

Una exploración acerca de lo que significa el Llamado de Dios al Ministerio y las formas que la Iglesia Metodista Unida ofrece para vivirlo

Traducción de la Octava Edición
2014

Editora: **Meg Lassiat**

Colaboradores
Tom Carter
Bruce Fenner
Melissa Hinnen
Becky Louter
Mary Jane Pierce Norton
Melanie Overton
HiRho Park
Bridgette Young-Ross
David Martinez

Abingdon Press™
Nashville

El Cristiano Como Ministro

Este recurso es una compilación de información sobre el Llamado al Ministerio y las diferentes formas que la Iglesia Metodista Unida ofrece para responder a ese llamado. Este recurso está basado en el concepto de "Ministerio y Liderazgo de Servicio" presentado por el Concilio de Obispos y afirmado por la Conferencia General.

Contenido

Prólogo

Todos los cristianos son ministros por virtud de su bautismo. Este libro es una introducción al significado del "llamado de Dios al ministerio", la visión para desarrollar el ministerio, y las oportunidades que ofrece la Iglesia Metodista Unida para vivir ese llamado.

En el Capítulo 2 usted leerá sobre varias oportunidades de servicio y oficios en la iglesia, como una persona laica o como un clérigo con licencia u ordenado. Algunas de estas posiciones de liderazgo y servicio pueden ser cubiertas por un laico o una persona ordenada. El Capítulo 3 delinea pasos y procesos necesarios para continuar hacia los roles descritos en este libro.

Como avenidas para al ministerio, las posiciones están todas relacionadas, ya que ofrecen el amor de Cristo entre sí y al mundo para realizar la misión de la iglesia. Están diferenciadas en su preparación para al servicio, sus estructuras de rendición de cuentas, sus tiempos de compromisos y las áreas especializadas de servicio.

Aunque la Junta General de Educación Superior y Ministerio ha publicado ésta edición, El Cristiano Como Ministro no hubiera podido ser completado sin la cooperación y contribución de otras Juntas Generales de la Iglesia Metodista Unida las cuales ofrecen avenidas más de entrenamiento para el servicio en, y en nombre de, la Iglesia, tanto para los ministerios de laicos como para ministerios de los presbíteros.

- Parte del propósito de la Junta General de Educación Superior y Ministerio, es preparar y asistir a aquellas personas que están sirviendo en el ministerio ordenado y diaconal.
- La Junta General de Discipulado ayuda a personas a servir en el discipulado alrededor del mundo.
- La responsabilidad en el liderazgo de la Junta General de Ministerios Globales, es el de fomentar y apoyar el liderato de misión a través de la Iglesia y el mundo.

Categorías De Liderazgo De Servicio Descritos En Éste Libro

Ministerio Laico
- El Líder Laico quien sirve como representante primario de los laicos en la iglesia local, distrito, o conferencia anual.
- Misionero laico quien trabaja en un equipo para desarrollar comunidades de fe.
- El Ministro Laico de Servicio, da asistencia, apoya a los énfasis programáticos de la iglesia.
- Los Ministros Laicos Certificados, quienes mejoran la calidad de ministerio y proveen liderazgo pastoral bajo la autoridad de un presbítero; particularmente a Iglesias con membresías pequeñas.
- Las Diaconisas y Los Misioneros Locales (Nacionales), quienes son consagrados y comisionados a ministerios de amor, justicia y servicio han personificado a la iglesia en el mundo, por medio de una vocación a tiempo completo en el ministerio de servicio.

Ministerios Licenciados y Ordenados
- Los Capellanes y Consejeros Pastorales, quienes sirven en ministerios especializados de consejería.
- Los Diáconos guían a la iglesia en el servicio al cual todo cristiano es llamado, relacionando la vida congregacional de la iglesia a sus ministerios de compasión y justicia en el mundo.
- Los Presbíteros son los que guían a la iglesia por medio de la predicación, los sacramentos, administración, y ordenando la vida de la iglesia para la misión.

- Los Pastores Locales, quienes proveen liderazgo pastoral en congregaciones locales, bajo la autoridad de una licencia para el ministerio pastoral.

Oportunidades para ambos:
Laicos y Presbíteros/as Ordenados/as

- El Servicio Misionero Comisionado, compuesto de personas que sirven en varias áreas de servicio misionero, tanto nacional como globalmente.
- Los Ministros de Universidad y Capellanes, son aquellos que sirven en instituciones relacionadas a la Iglesia Metodista Unida y otras universidades.
- La Certificación en Ministerios Especializados, en las cuales las personas son entrenadas profesionalmente y certificadas en áreas de ministerio.

Hay varias situaciones en las cuales esté recurso puede ser útil además de una lectura personal o una lectura para entrar en conversación con otra persona:

- Grupos de escuela secundaria, universidad, adultos jóvenes y adultos pueden ser guiados por una experiencia vocacional en una situación de clase dominical, de fin de semana, o un retiro.
- En una situación de un Grupo de Mentores para personas a la Candidatura o en un evento de Orientación al Ministerio para discutir las diferentes situaciones de ministerios de la Iglesia Metodista Unida.
- Bajo la dirección del coordinador de discernimiento vocacional de la Conferencia Anual, mientras aquellos que están discerniendo el llamado de Dios se reúnen para explorar algunas opciones al ministerio.
- Estudiantes universitarios pueden explorar el significado de vocación Cristiana con un ministro universitario u otro grupo de estudiantes universitarios.
- Las parejas pueden leer el libro junto y discutir lo que aprenden de *El Cristiano Como Ministro*, ya que las decisiones sobre la familia y las carreras a menudo están interrelacionadas.

- Leer la "Guía para Usar el Texto' y la "Guía para el Comité de Relaciones de Personal/Pastor y Parroquia" contenidas en los capítulos 4 y 5 para otros usos sugeridos.

De parte del comité editorial, es nuestra esperanza que este texto le servirá a usted, como un punto de partida para conversaciones que tendrá al usted comenzar a explorar las muchas diversas formas en que usted puede responder al llamado de Dios en su vida sirviendo dentro y en nombre de la Iglesia Metodista Unida.

Suya en el ministerio,
Meg Lassiat
Directora de Candidatura, Orientación, y Relaciones Conferénciales
División de Ministerio Ordenado
Junta General de Educación Superior y Ministerio

Agradecimientos

Meg Lassiat, Directora de Candidatura, Orientación, y Relaciones Conferénciales de la Junta General de Educación Superior y Ministerio, Quien ha coordinado la revisión de *El Cristiano Como Ministro*. A Mary Jane Pierce Norton por su participación en la coordinación de los recursos de la Junta General de Discipulado; A Melissa Hinnen en de la Junta General de Ministerios Globales; A Becky Louter integrante de las Mujeres Metodistas Unidas; A Tom Carter, Bruce Fenner, Melanie Overton, HiRho Park, y Bridgette Young-Ross en la Junta General de Educación Superior y Ministerio por su escritura, preparación, repaso, y preparación minuciosa de este texto.

Gracias también a la Oficina de Interpretación, específicamente a Terri Hiers y Vicki Brown por su asistencia editorial; y a Richard A. Hunt, autor de la primera edición. Muchos de sus pensamientos e ideas se han conservado en esta revisión.

El Cristiano Como Ministro (ISBN 978-0-938162-78-0, $9.99 por ejemplar) está disponible en Cokesbury.com o llamando al 1-800-673-1789.

Capítulo Uno
El Llamado Cristiano al Ministerio de Servicio

La Misión y El Ministerio de la Iglesia

Vivir en el siglo XXI tiene una calidad convincente que evoca a la reflexión sobre lo que hemos sido y de donde hemos venido. También nos impulsa hacia adelante a las posibilidades para el futuro y lo que podrá ser.

Ciertamente, este tiempo en la historia presenta muchos cambios y nuevas prioridades. Fuerzas económicas, sociales y políticas contribuyen a la complejidad de nuestra sociedad y esta diversidad nos reta a examinar nuestra relación, nuestro llamado, y nuestro trabajo desde otra perspectiva. La Iglesia está aquí para ayudarnos a reflexionar y responder a estos cambios por medio del lente de nuestra fe.

La iglesia es donde aprendemos acerca de nuestra fe, crecemos en ella, y definimos nuestras creencias, que influyen en nuestras acciones, formas de actuar, y las formas en que vivimos nuestras vidas. Sin embargo, como una comunidad de fe, la Iglesia no es meramente una institución humana. La Iglesia también es la comunidad donde experimentamos una relación con Dios, una relación que perdona y nos transforma basada en el amor creativo y e inmerecido de Dios,

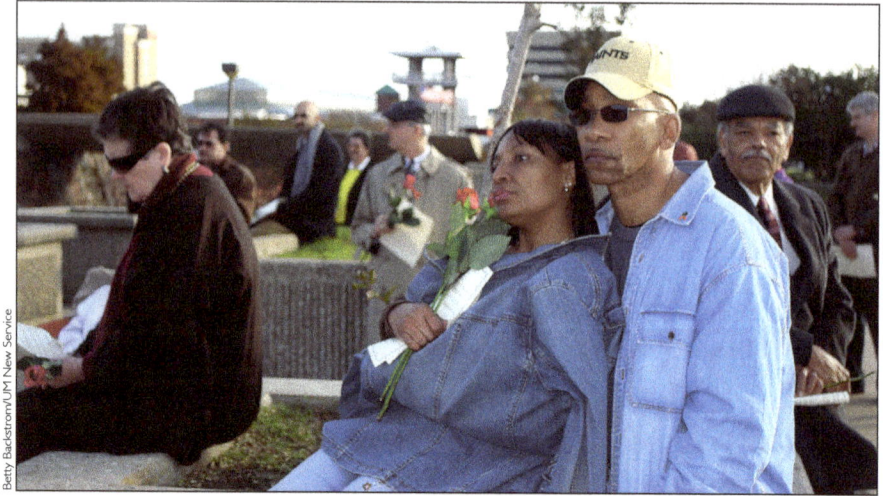

Una multitud sombría observa un servicio interreligioso conmemorativo del Día Mundial del SIDA en Baton Rouge, La. El servicio fue organizado por la Conferencia Anual de Louisiana.

la continua gracia redentora de Jesucristo, y la guía sostenedora del Espíritu Santo. Por eso, la iglesia personifica al mismo tiempo las ambigüedades de la vida y la presencia incuestionable de Jesucristo.

La Iglesia es un regalo divino entretejido con la respuesta humana. La Iglesia no puede ser vista aparte de su comunidad. Cuando esa comunidad es fiel, transforma y libera a las personas e instituciones de formas de pecado personal y social. Libertad y transformación son el trabajo crítico de la iglesia en nuestro tiempo, la misión y ministerio de la iglesia.

La Razón Fundamental de Nuestra Misión

La misión de la iglesia es hacer discípulos de Jesucristo proclamando las buenas nuevas de la gracia de Dios…así procurando el cumplimiento del reino de Dios en el mundo. El cumplimiento del reino de Dios en el mundo es la visión que las escrituras nos presentan. La Iglesia Metodista Unida afirma que Jesucristo es el Hijo de Dios, el Salvador del mundo y Señor sobre Todo. Respetamos a las personas de todas las tradiciones religiosas y defendemos la libertad religiosa de todos los creyentes. Las palabras de Jesús en el

12

libro de Mateo, proveen a la iglesia su misión: 'Vayan, pues, a las gentes de todas la naciones y háganlas mis discípulos; bautícenlas en el nombre del Padre, del Hijo, y del Espíritu Santo, y enséñenles a obedecer todo lo que les he mandado...' (28:19-20).

Esta misión es nuestra respuesta llena de gracia del reino de Dios en el mundo anunciado por Jesús. La gracia de Dios está activa en todo lugar, en todo tiempo, llevando a cabo el propósito revelado en la Biblia. Es expresado en el pacto de Dios con Abraham y Sara, en el Éxodo de Israel en Egipto y en el ministerio de los profetas. Está encarnado plenamente en la vida, muerte, y resurrección de Jesucristo y es experimentado en la creación continua de una gente nueva por el Espíritu Santo.

Juan Wesley, Phillip Otterbein, Jacob Albright y otros líderes antepasados, entendían la misión de esta manera. Los momentos en los cuales la Iglesia Metodista ha tenido un sentido claro de misión, es porque Dios ha usado nuestra iglesia para salvar a las personas, sanar relaciones, transformar estructuras sociales y difundir santidad espiritual, y así cambiar al mundo. Para estar verdaderamente vivos, aceptamos el mandato de Jesús de..."hacer discípulos de las gentes de todas las naciones" (Libro de Disciplina).

En medio de nuestra comunidad mundial, rodeado de personas y almas quebrantadas, la iglesia ofrece una visión de paz, integridad y una unidad que Dios desea para toda la creación. Esta visión y esta misión son la que le da a la iglesia el enfoque e impulso, y que fortalece y guía a la iglesia y a su gente.

Reflexión

- ¿Qué experiencia has tenido, en relación a "la iglesia como una comunidad de fe?"
- ¿Cuál ha sido tu experiencia en la "iglesia como una respuestas a las fuerzas sociales y políticas que excluyen, distancian y marginalizan?
- ¿Cómo entiendes "la misión de la iglesia"?

13

Bautismo y Llamado

El bautismo es el regalo de Dios de gracia inmerecida por medio del Espíritu Santo. Es una incorporación dentro de Cristo que marca la entrada de cada persona en la Iglesia y su ministerio. (Romanos 6:3, 4, 18).

Como Metodistas Unidos creemos que cuando somos bautizados, somos llamados al ministerio en el nombre de Cristo. La liturgia del bautismo nos dice que 'por medio del bautismo, 'nosotros' somos incorporados por el Espíritu Santo dentro de la nueva creación de Dios y hechos para compartir en el sacerdocio real."[1]

Los Metodistas Unidos creemos que todas las personas tienen un lugar junto al pueblo de Dios y que son extendidos los mismos privilegios santos, sin importar su edad. Desde que son bautizados como bebes, los niños deben ser educados en la fe y llevados a una aceptación personal de Cristo. Después de una

La Reverenda Myrna Bethke de New Jersey sostiene Elizabeth Anne Binder en el día de su bautismo.

profesión de fe en Cristo, pueden confirmar su bautizo y reconocer su lugar como discípulos creciendo en el ministerio de Cristo.

Este aspecto importante de la liturgia sirve para recordarnos que por medio del bautizo y la profesión de la fe – no importa la edad, etapa en la vida, ni dones o talentos particulares – nuestras vidas en esta tierra deben ser una extensión visible de la vida y ministerio de Jesús. Nosotros somos las manos, los pies, los brazos, las piernas, la mente y el corazón de la manifestación de Cristo en el mundo.

Por medio del bautismo somos reconocidos e incorporados en la familia de Dios y la visión de Dios para una nueva creación y somos llamados a ser parte de la misión y el ministerio de Cristo. La forma en que cada persona responde a ese llamado puede llevar a un tiempo de reflexión y deliberación sobre como Dios espera que cada quien viva una vocación Cristiana. Vocación es definido por el Diccionario de la Lengua Española como, "Inspiración con que Dios llama a algún estado, especialmente al de religión."[2] El llamado es una actividad o función en la vida a la cual uno es llamado por Dios.

El Evangelio según San Mateo, registra el significado del bautizo de Jesús y de su relación con Dios, y señala los principios de su misión y ministerio – su vocación.

En cuanto Jesús fue bautizado, salió del agua. De pronto el cielo se abrió, y Jesús vio que el Espíritu de Dios bajaba sobre el como una paloma. Se oyó entonces una voz del cielo, que decía: "Este es mi Hijo amado, a quien he elegido." (Mateo 3:16-17).

El bautismo de Jesús fue un acto significativo, porque declaro públicamente la bendición y unción de Dios sobre Jesús. Fue una comisión, es decir, un acto de empoderamiento por medio del Espíritu Santo. Por motivo de nuestro propio bautismo, nosotros también somos comisionados, ungidos y empoderados para continuar el ministerio que Jesús comenzó cuando él caminó en la tierra. Esto significa que todo aquel que es bautizado es ministro.

Que Dios llama a testificar y a dar servicio no puede ser negado. Sin embargo, el tipo de testimonio y el tipo de servicio al cual llama Dios es una pregunta aún más difícil de contestar. Esta nuevamente, es la pregunta de vocación, el lugar donde el deseo de Dios para nuestras vidas y nuestra obediencia confluyen en el cumplimiento de nuestra razón de ser.

Si está explorando como Dios le está llamando a vivir el ministerio y la visión de Cristo, una parte de su ansiedad puede ser resuelta estudiando cuidadosamente la lucha de Jesús entre su vocación y su llamado. Hubo un tiempo en su vida cuando Jesús no sabía que él iba a llevar la historia de Dios una manera muy especial, un tiempo cuando su vocación en la vida no la entendía claramente. Él tuvo luchas, preguntándose qué era lo que Dios intentaba que el hiciera. El Espíritu Santo lo ayudo en ese proceso de descubrimiento. En su bautismo, Jesús fue revelado a ser el hijo amado de Dios, y fue entonces llevado al desierto para establecer identidad y vocación a la cual Dios lo estaba llamando.

Aun después que Jesús hubo aclarado su llamado, no siempre fue apoyado por el pueblo de Dios. Pongamos atención a este relato de su ministerio en la sinagoga de Nazaret.

> *Jesús fue a Nazaret, el pueblo donde se había criado. En el día de reposo entro en la sinagoga, como era su costumbre, y se puso de pie para leer las Escrituras. Le dieron a leer el libro del profeta Isaías, y al abrirlo encontró el lugar donde estaba escrito: "El Espíritu del Señor está sobre mí, porque me ha consagrado para llevar la buena noticia a los pobres; me ha enviado a anunciar libertad a los presos y dar vista a los ciegos; a poner en libertad a los oprimidos; a anunciar el año favorable del Señor." Luego Jesús cerro el libro, lo dio al ayudante de la sinagoga y se sentó. Todos los que estaban allí seguían mirándole. El comenzó a hablar, diciendo: "Hoy mismo se ha cumplido esta Escritura delante de ustedes. Todos hablaban bien de Jesús y estaban admirados de las cosas tan bellas que decía. Se preguntaban: ¿No es este el hijo de José? Jesús les respondió: 'Seguramente ustedes me dirán este refrán: "Medico, cúrate a ti mismo." Y además me dirán: "Lo que oímos que hiciste en Capernaum, hazlo también aquí en tu propia tierra." Y siguió diciendo: "Les aseguro que ningún profeta es bien recibido en su propia tierra…" Al oír esto, todos los que estaban en la sinagoga se enojaron mucho. Se levantaron y echaron del pueblo a Jesús, llevándolo a lo alto del monte sobre el cual el pueblo estaba construido, para arrojarle abajo desde allí. Pero Jesús paso por en medio de ellos y se fue. (Lucas 4:16-24; 28-30).*

La vocación de Cristo fue y es radicalmente diferente a la vocación de usted. Sin embargo, hay una relación entre el llamado de Jesús y su llamado. No es accidente que usted se pueda identificar con elementos en el bautismo de Jesús, la jornada que tuvo Jesús en el desierto, y su ministerio. La lucha de Jesús con su llamado vocacional es tan real como la suya.

En cierta forma, su vocación en la vida nace de la interrogante del por qué Cristo le invita, por medio del Espíritu Santo, a compartir en la historia de Dios, siendo testigo de la realidad en su vida y viviéndola por medio de sus acciones. Como Cristo y los Apóstoles, y la multitud de santos que han ido antes de nosotros en la fe, usted es llamado a descubrir el significado de su vocación por medio de las historias expresadas en los evangelios. Mientras que el modo en que usted cuenta su historia y el servicio en el cual usted rinde obediencia a la voluntad de Dios, será diferente a todas las otras personas en la fe a su alrededor, usted encontrará en esa vocación, y solamente ahí, un sentido verdadero de quién es usted en relación con Dios, y quien está destinado a ser. Gilbert Meilaender, profesor de teología en la Universidad de Valparaíso, escribe en un artículo sobre la vocación, en la edición de noviembre del 2000 de El Siglo Cristiano: "Es solamente por el oír, responder, y participar en el llamado de Dios, que yo puedo llegar a saber quién soy. No somos las personas que creemos que somos, somos las personas que Dios nos llama a ser."[3]

Reflexíon

- Como miembro de la familia de Cristo, señalado por su bautismo, ¿qué significa para usted ser un ministro para el mundo en el nombre de Cristo?
- ¿Qué tarea cree que Dios quiere que usted haga en nombre de Cristo, para el bien del mundo?
- ¿A qué tipo de ministerio le podría llamar Dios, el cual requeriría su obediencia total?

Latonja Tucker pinta el exterior de La Iglesia Metodista Unida de Bethany en New Orleans, que fue dañado por las inundaciones a causa del Huracán Katrina.

Vocación y Liderazgo de Servicio[4]

Poca gente hoy en día acepta la misma profesión o línea de trabajo de sus padres. Algunos llegan a tener una ocupación como a la deriva o siguen el consejo o ceden a la presión de sus padres, maestros, amistades, etc. Las personas más decididas eligen su profesión en base a los que ellos consideran que saben hacer mejor o lo que más les agrada hacer. Si son sistemáticos, puede ser que consideren los pros y los contras de distintos oficios o profesiones y consulten las listas de ofertas de empleo para hacer una elección de forma deliberada.

La respuesta que damos a una ocupación, una carrera o vocación en particular, es de determinar que trabajo hará uno para el resto de la vida. Aunque un es llamado a una vocación, puede tener algunos elementos mencionados en el párrafo anterior, también es algo que va más allá de lo expresado.

Este tipo de llamado no es algo a lo que una persona responde por casualidad o bajo presión social; o en su totalidad por elección libre.

Este llamado implica a alguien que hace el llamado. El que hace el llamado es Dios. *El Diccionario de la Real Academia Española* define así la palabra llamamiento: "Acción de llamar, Vocación despertada por un sentimiento religioso."[5] Por lo tanto, la determinación de la vocación es más que el cumplimiento de un sueño personal; es responderle a Dios para llegar a ser quien y lo que Dios le llama a ser. Uno llega a la vocación a través del llamado de Dios.

El concepto de un llamado de Dios histórica y bíblicamente puede ser aplicado a tres experiencias distintas.

- En el principio Dios llamo a las personas a ser; a cobrar vida. La palabra 'llamo' se usa aquí para referirse a una dimensión importante de nuestra relación con Dios, un llamado que compartimos con la humanidad.
- Entonces Dios, por medio de Jesús, llama a las personas a aceptar su gracia. Las personas responden a este llamado por medio de su compromiso con Cristo y su ministerio. Esto es lo que nos une a todos los Cristianos en el ministerio de todos los creyentes.
- Dios también llama a algunas personas a desarrollar un sistema particular de liderazgo para servir dentro de la iglesia. Empoderado y guiado por el Espíritu Santo, estos individuos responden a ese llamado por medio de un evento que cambia la vida y que lleva a un compromiso de por vida al servicio y el ministerio.

Las distinciones entre estos llamados, particularmente los últimos dos, son importantes. Todo Cristiano está llamado a seguir a Cristo en su caminar de vida donde quiera que se encuentre – el ministerio de todos los creyentes. Para aquellos que responden a una forma particular de liderazgo del sirviente, la palabra 'llamado' expresa algo que es particularmente distinto para cada persona y ese algo es el que guía a la vocación que el teólogo Frederick Buechner, describe como "el lugar donde el gozo mayor de una persona se encuentra con la necesidad más grande del mundo".

Cualquier tipo de llamado, sea repentino o gradual, requiere tiempo para reflexionar, cuestionar y poner a prueba. Para continuar explorando su llamado y el significado de este para su vocación, hable con su pastor o algún otro ministro o líder Metodista Unido.

El Significado del Liderazgo de Servicio

La Iglesia Metodista Unida considera que "el liderazgo de servicio" es la base de lo que es el ministerio y el liderazgo y mientras el que responde al llamado de Dios es para una persona en particular, asimismo el llamado es confirmado por la comunidad de la iglesia. Aquellos que responden al llamado al ministerio (ya sea laico, con licencia, u ordenado) deben personificar las enseñanzas de Cristo y demostrar sus talentos para el ministerio y promesa para utilidad en el futuro.

Algunos dirán que el liderazgo de servicio es una contradicción en términos. Para poder explorar el rol del líder de servicio más plenamente, veamos el origen del uso del término en nuestra sociedad y reflexionemos en el líder de servicio bíblico más ejemplar de todo el tiempo; Jesucristo.

El término "liderazgo de servicio" fue acuñado hace ya casi 30 años, en el mundo de las empresas, por Robert K. Greenleaf, director manejo de Investigación en AT&T, durante el tiempo de la guerra en Vietnam, la corrupción política de Watergate y la agitación durante la época de los Derechos Civiles. Su inspiración para este concepto vino de una novela escrita por Herman Hesse, un poeta y escritor Alemán, llamado *Una Jornada Hacia el Oriente*.

"En esta historia podemos ver a un grupo de hombres en una jornada mítica. La figura central del cuento es Leo, quien acompaña al grupo como el sirviente que hace las tareas domésticas de baja categoría, pero que también los anima con su buen espíritu y su canto. Es una persona de una presencia extraordinaria. Todo va bien hasta que Leo desaparece. Como consecuencia, el grupo se sume en un caos y la jornada es abandonada. Ellos no pueden lograr la jornada sin el sirviente Leo. El narrador, el cual era uno de ellos, después de un tiempo deambulando, encuentra a Leo y es aceptado en la orden que había patrocinado la jornada original. Ahí descubre que Leo, a quien había conocido primero como sirviente, era de hecho la cabeza titular de la orden, el espíritu que servía de guía, un gran y noble líder."[6]

Para Greenleaf, esta historia demuestra que "el gran líder es visto primero como un sirviente." La diferencia entre sirviente-primero y líder-primero "se manifiesta en el cuidado tomado por el sir-

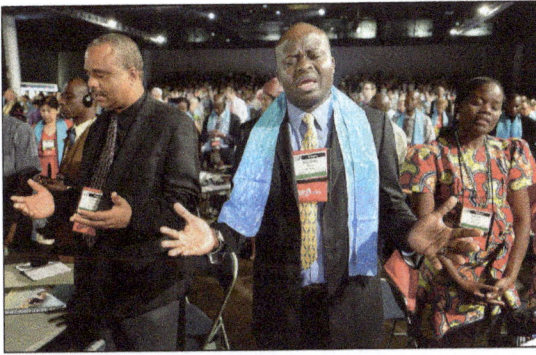

Muyumbo Mande, un delegado de la República Democrática del Congo, ora con otros participantes durante el servicio culto de apertura en la Conferencia General de la Iglesia Metodista Unida de 2012.

Los Metodistas Unidos se reunieron para la Conferencia General de 2012 en Tampa, Florida.

viente-primero para asegurarse que las necesidades de alta prioridad de otros están siendo atendidas. El mejor examen es: aquellos que son servidos, están creciendo como personas; ¿acaso ellos, mientras son servidos, crecen en salud, sabiduría, libertad, y son más autónomos?" [7]

En la mayoría de las sociedades incluyendo Norte América hoy día, las personas están socializadas a ser o sirvientes o líderes. A raíz de la condición de cultura o a través de la operación de estructuras sociales, algunos pueden estar más predispuestos a roles de liderazgo, otros a roles de sirvientes. Para ser un líder sirviente, una persona tiene que reconocer su propia predisposición. Aquellos que se ven como sirvientes, necesitaran ejercer liderazgo porque en el área de Dios el sirviente efectivo muchas veces se hace líder. Aquellos que se ven como líderes necesitan aprender a servir, porque en el área divina, los líderes verdaderos son aquellos que sirven más efectivamente. [8]

21

Liderazgo de Servicio en la Iglesia Conexional

Solo hay un ministerio en Cristo, pero hay diversos dones y evidencias de la gracia de Dios en el cuerpo de Cristo. (Efesios 4:4-16).

Todas las personas, a través de su incorporación a la iglesia por medio del bautismo, se relacionan entre sí a través de Cristo, sin importar cuál sea su rol en el ministerio. Esta conexión comparte una tradición común de fe, una misión común a través de Cristo, y un espíritu en común que informa acerca de nuestras creencias y prácticas como Metodistas Unidos. El conexionalismo de la iglesia provee un sistema que posibilita congregaciones y otras áreas de ministerio para 'hacer discípulos de Cristo para la transformación del mundo." Por medio de esta conexión, la Iglesia Metodista Unida en su totalidad puede responder fielmente a su misión.

El modelo para este ministerio del sirviente conexional aparece bíblicamente en la fase inicial de la iglesia primitiva. En el capítulo 6 del libro de Hechos vemos que los apóstoles dirigían en la oración, en la enseñanza y en la predicación, y ordenaban la vida de la comunidad. Ellos desarrollaron un sistema para asegurar que las preocupaciones del mundo fueran atendidas, y autorizaron a personas específicas en el ministerio de servicio.

Nuestros antepasados en la fe del siglo XVIII reafirmaron las prácticas antiguas de la iglesia primitiva aun al aplicarlas de nuevo a sus propias circunstancias. Así como la iglesia primitiva afirmo varias oportunidades para servicio y liderazgo, la Iglesia Metodista Unida afirma y ofrece varias expresiones de ministerio laico, con licencia, y ordenado para que las personas respondan al llamado de Dios en la estructura conexional Metodista Unida.

Reflexíon

- ¿Qué medios está utilizando usted para descubrir su experiencia o la vocación que usted piensa que Dios ha destinado para usted?
- ¿Cómo puede usted dirigir a las personas en su comunidad, o en su grupo de la iglesia, para servir en las necesidades que le rodean?
- ¿Piensa usted que Dios le está llamando a ser un líder sirviente? ¿De qué manera?
- ¿Qué preguntas tiene usted sobre las diferentes categorías del ministerio?

Notas

1. *El Himnario Metodista Unido: Libro de Adoración Metodista Unido* (Nashville: La Casa Metodista Unida de Publicaciones), p. 37.
2. *Diccionario de la Lengua Española. Real Academia Española -Vigésima Primera Edición 1992, s.v. "vocación."*
3. Gilbert Meilaender, "Divine Summons," en *The Christian Century*, Noviembre del 2000 (Chicago: Christian Century Foundation), p. 1112.
4. La mayor parte de esta sección es una adaptación de *The Call to Servant Leadership* por Simon Parker (Nashville: Division of Diaconal Ministry, General Board of Higher Education and Ministry, The United Methodist Church, 1998), pp. 7¬8.
5. *Diccionario de la Lengua Española. Real Academia Española -Vigésima Primera Edición 1992, s.v. "llamado."*
6. Robert K. Greenleaf, *Servant As Leader* (Newton Center: Robert K. Greenleaf Center, 1973), p. 1.
7. Ibid., pp. 2, 7.
8. Este párrafo es adaptado de *The Call to Servant Leadership* por Simon Parker, pp. 19¬20.

Capítulo Dos
Imágenes del Liderazgo del Sirviente

Los Jóvenes en el Ministerio

Todos pueden ser grandes porque todos pueden servir. Tú no tienes que tener un título universitario para poder servir. Ni hacer concordar el sujeto con el verbo para poder servir. Tú no tienes que tener conocimientos de Platón y Aristóteles para poder servir. No necesitas conocimientos de la 'Teoría de la Relatividad' de Einstein para poder servir. Y no tienes que entender la 'Teoría de la Segunda Ley de la Termodinámica de Física' para servir. Solo necesitas tener un corazón lleno de gracia y un alma que es fruto del amor; y puedes ser ese servidor.
—The Rev. Dr. Martin Luther King Jr.[1]

El llamado de Dios ocurre en diversas formas y cada persona oye el llamado de Dios de forma diferente; así que cada quien encuentra diversos caminos para responder al llamado de Dios. Porque somos

Los estudiantes que asistieron "Imaginar lo que viene Después", un evento creado para inspirarlos para considerar los próximos pasos fieles de sus vocaciones, sus comunidades, la iglesia, y el mundo, escriben sus esperanzas y sueños para sus comunidades de fe y de la Iglesia Metodista Unida en placas el último día del evento.

llamados, Dios nos enseña lugares y medios para servir. El único requisito es estar disponible a Dios y responder al llamado de Dios.

❦

Ben viajaba con su clase de confirmación de sexto grado el fin de semana después de los ataques terroristas al World Trade Center en Nueva York el 11 de septiembre del 2001. Abrumado por su deseo de ayudar aquellos niños cuyos padres habían sido heridos o muertos, el sugirió que se les mandaran animales de peluche a los niños como una manera de impartirles consuelo. Ben compartió su idea con los otros alumnos de confirmación de su clase y ellos decidieron ayudar. Los miembros de la clase hablaron con otros alumnos en varias escuelas locales, y anunciaron la necesidad de recolectar y enviar los animales de peluche a la iglesia, por medio de correo masivo de esta, y en su página web. En las siguientes dos semanas tanto la iglesia como las escuelas recolectaron animales de peluche. Cuando la clase se reunió para catalogar los animales de peluche y enviarlos a Nueva York, ellos descubrieron que habían recolectado ¡más de 1,000 animales de peluche! Ellos se los hicieron llegar a los agentes del orden público, a trabajadores sociales y a iglesias para compartir con los niños que fueron afectados más directamente por los ataques.

⚜

A la edad de 16 años, Tiffany era la Presidente de su grupo de jóvenes. Ella era una líder entre sus compañeros y también asistía a varias reuniones del concilio de la iglesia. Tanto los adultos como los jóvenes de la congregación admiraban y seguían el liderazgo de Tiffany. Un día, la pastora de su iglesia le pidió una cita para platicar sobre el ministerio de Tiffany. Durante su reunión, la pastora le dijo, "¡Estoy tan contenta que hayas decidido ser un ministra!" Una mirada de preocupación cruzó la cara de Tiffany. "Yo nunca le dije a la Pastora Williams que sería un ministra', pensó Tiffany. "¿Acaso ella no sabe que yo quiero ser una doctora? Además, yo solo tengo 16 años. Yo no siento un llamado al ministerio." Notando la confusión de Tiffany, la Rev. Williams le explico, "Cuando tomamos nuestro bautismo seriamente y seguimos el llamado de Dios a ser sus discípulas, somos ministras; sin importar nuestra edad, nuestro género o nuestros planes de carrera. Puede ser que estés llamada a ser una pastora como yo, o tu ministerio puede ser en un hospital como es tu sueño. ¡De todas maneras, me siento muy entusiasmada al saber que has sido llamada a servir!"

⚜

Al subir Hannah al avión para su segundo viaje a Zimbabwe, no podía menos que pensar sobre lo que el año pasado había significado para ella. Durante el verano entre su tercer y cuarto año de la escuela superior, ella había viajado a Zimbabwe con el grupo de jóvenes de su iglesia para trabajar con los niños en el Hogar de Niños Fairfield en Old Mutare, Zimbabwe. Mientras estaba en el orfanato, Hannah jugó con los niños, compartió risas y sonrisas con ellos, y desarrollo relaciones con los empleados adultos del orfanato. Estas relaciones que continuaron haciendo una impresión en Hannah aun después de ella llegar a los Estados Unidos. Ella sabía que iba a volver a Mutare. Hannah compartió la historia de su experiencia en Zimbabwe con amistades en su escuela superior y pronto decidió organizar un viaje a Zimbabwe para que sus amistades pudieran ver y experimentar algunas de las misma cosas que ella había experimentado. Dieciocho compañeros de clases y amigos decidieron juntarse al grupo y comenzaron a hacer preparaciones para el viaje. Hannah organizó el viaje, hizo los arreglos de transportación y trabajo incansablemente, ayudándolos a recaudar fondos. Ella se mantuvo en contacto con las personas en Fairfield y juntos planearon lo que haría el grupo durante su visita. Además, trabajo con los administradores de su escuela para establecer un programa de patrocinio que continuaría para proveer necesidades de comida y suministros médicos para los niños. Aprendió mucho durante el proceso y sabía que iba a hacer una diferencia – no solo con los niños del orfanato de Fairfield, pero también con sus amistades que pronto conocerían las personas de allí y llegarían a experimentar a Zimbabwe personalmente. Ella estaba entusiasmada de volver a Zimbabwe y sabía que no sería la última vez que visitaría el lugar.

❧

Está claro que María, la madre de Jesús, no tenía la intención de ser usada por Dios de una manera tan extraordinaria. Es probable que ella nunca se imaginó que tendría un hijo que pudiera ser uno de los maestros en el templo, o un pastor que viajaba de un lugar a otro; y mucho menos que ella sería un instrumento para ayudar a cambiar el mundo. Pero cuando Dios la llamó para llevar en sus entrañas y dar a luz a Jesús, su respuesta fue: "Yo soy esclava del Señor; que Dios haga conmigo como me has dicho" (Lucas 1:38). Sin ser ordenada y sin educación formal, María, a temprana edad, respondió al llamado de Dios a servir.

El liderazgo de servicio es regalo y tarea a la vez. La gracia de Dios viene a nosotros como un regalo por medio de nuestra respuesta a servir. A la misma vez, sabemos que somos llamados a una tarea ardua. Cuando se hace miembro de la iglesia, usted responde a un llamado de Dios. Usted dice 'si' a la gracia de Dios, a ser parte de una comunidad de cristianos, y a servir otros en el nombre de Cristo.

- Qué imagen viene a su mente cuando se pregunta: ¿Cómo me está llamando Dios a responder como un cristiano bautizado?
- ¿Cómo ha sido usted un líder en su comunidad, ya sea en la escuela o en otro ambiente?
- ¿Cuál experiencia ha tenido usted, que hayan influido para responder a un llamado de Dios que pudiera desarrollar su vocación?
- Visite www.explorecalling.org para más información sobre el llamado e identificación de sus dones espirituales.

El Ministerio del Laico

El Llamado

El corazón del ministerio Cristiano es el compartir el amor de Cristo con el mundo. El ministerio laico es un ministerio que está en primera línea, porque las personas laicas tienen acceso directo a la comunidad y al mundo, por medio de sus trabajos y sus actividades.

Todo el pueblo de Dios es llamado a ser fiel en su ministerio. Los miembros de la iglesia son la iglesia hecha visible en el mundo y están llamados a compartir las buenas nuevas de Cristo, dentro y más allá, de la comunidad de la iglesia. Esta responsabilidad no puede ser delegada, ni puede ser evadida. Si los cristianos no son fieles en el ministerio, la iglesia perderá su impacto en el mundo.

Como miembros del cuerpo de Cristo, nosotros todos tenemos dones para el servicio y hemos recibido diferentes dones para el ministerio. "Una persona puede recibir diferentes dones, pero el que los concede es un mismo Espíritu…" (1 Corintios 12:4). Nos da libertad el realizar lo que cada uno de nosotros esta llamado al ministerio y que el ministerio de cada uno, es tan importante como el ministerio del otro. Es esencial realizar este hecho importante y vivir nuestro ministerio de acuerdo a nuestros dones y nuestro llamado, ya sea en la fábrica o el hospital; en el trabajo o en la casa; en la iglesia o en la comunidad. Cristo ha llamado y nosotros respondemos sirviendo de la mejor manera que podemos.

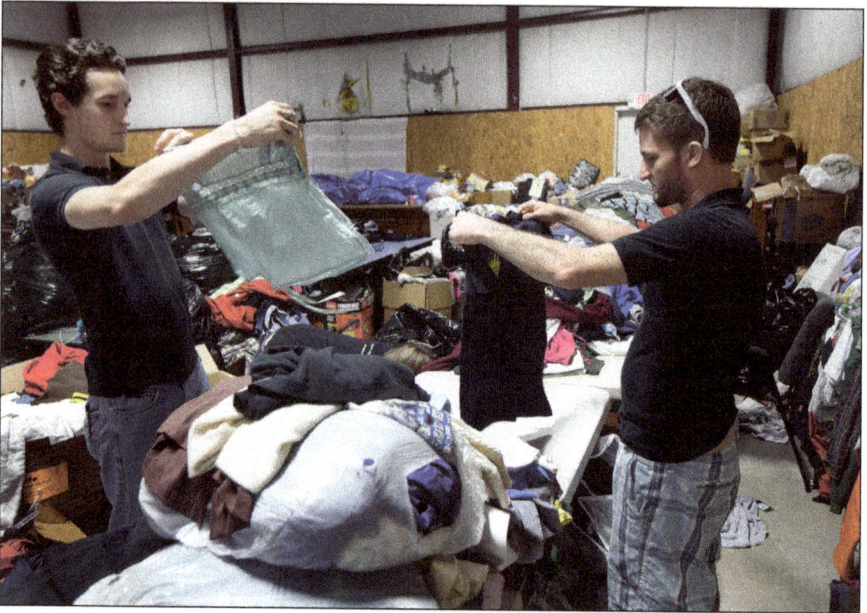

Forrest Mayer (izquierda) y Chris Grier, voluntarios del Absentee Shawnee Centro de Recursos en Little Axe, Oklahoma, separan ropa donada al Centro de Recursos que sirvió como un centro de socorro después de los tornados en Oklahoma en 2013.

Privilegio y Responsabilidad

El llamado al ministerio es un privilegio y una responsabilidad a la vez. Somos privilegiados en estar en una relación con Dios. Es un privilegio el ser parte de "una nación santa, un pueblo adquirido por Dios." Esas personas llamadas al ministerio son llamadas para que "anuncien las obras maravillosas de Dios, quien los llamo a salir de la oscuridad para entrar en su luz maravillosa" (1 Pedro 2:9). Y es un privilegio anunciar las obras maravillosas de Dios.

También es una responsabilidad. Los cristianos responden al llamado de Dios, por medio de vivir una vida en santidad y obediencia a Cristo. Vivir en santidad inspira a lograr crecimiento y nutrimiento intencional. Cada uno debe continuar viviendo espiritualmente, para madurar en la vida cristiana y para lograr involucrar plenamente en el ministerio a todo cristiano.

Juan Wesley estableció Las Reglas Generales para las Sociedades que se reunían a orar, adorar y velar los unos por los otros en amor.

Estas reglas incluían formas en que se podía lograr la tarea de amar y servir a otros. Primero, no haciendo daño alguno y evitando el mal de todo tipo. Segundo, haciendo todo el bien que se pueda hacer de toda forma que se pueda hacer. Tercero, atendiendo a las ordenanzas de Dios que son las practicas por las cuales nos mantenemos conectados a Dios, crecemos en la fe y en la habilidad de amar – (los medios de gracia) (ver Las Reglas Generales, *Libro de la Disciplina*).

¿Cómo se expresa el liderazgo de servicio en la vida cotidiana?

He aquí algunos ejemplos:

Noemí, es una enfermera que ha sentido el llamado de Dios. Ella vive su llamado en su trabajo de cada día, esforzándose por tratar a sus colegas, a su supervisor y a los pacientes, de la manera en que Jesús les hubiera tratado. Se esfuerza en realizar actos de bondad, y se ofrece para orar por los pacientes que sabe que están sufriendo. Fuera del hospital busca la manera de crecer espiritualmente a través de la oración, el estudio de la Biblia y su participación en los cultos, para poder cultivar aún más el sentido de su llamado en la vida. Debido a su madurez espiritual, ella posee el coraje para orar con los enfermos y sus colegas, y orar personalmente por ellos. Se ofrece voluntariamente para visitar a los miembros de la iglesia que estén recluidos en su hogar por enfermedad, o que se encuentren en el hospital. Ella ha organizado un ministerio de oración en su iglesia para ayudar a otros a apreciar el poder y la importancia de la oración.

Brian trabaja como electricista. El siempre busca la manera de hacer amistades para compartir el testimonio de su fe e invitarles a la iglesia. Brian es obediente a Cristo en su vida diaria, y da a conocer a otros su preocupación por sus colegas. Se niega a hacer lo indebido, o a ser deshonesto con su patrón. Brian es un hombre de palabra. Fuera de las tareas de su empleo, participa activamente en el ministerio a los encarcelados prestando servicio voluntario en la prisión local, con el fin de lograr una diferencia en las vidas de los reclusos y el personal penitenciario. En la iglesia, el coordina a un a grupo que prepara una comida gratis para la comunidad en el día de Navidad. También dirige viajes misioneros a zonas del país, afectadas por la pobreza, y a otros países en el extranjero haciendo uso de su tiempo y talentos para mejorar las condiciones de vida de otros.

⁂

Beth, tiene trabajo a tiempo completo como esposa y madre. Su ministerio en la vida diaria es proporcionar a su familia comidas sanas y nutritivas, ropa limpia y velar por las necesidades de cada uno. Beth considera que estas tareas son un servicio a Dios. Ella ha asumido un papel de liderazgo en su distrito y en la conferencia anual, donde da clases de capacitación de líderes a otros laicos, para mejorar sus habilidades de líderes en el ministerio. Su ejemplo de liderazgo anima a otras persona a involucrarse haciendo uso de sus habilidades para ayudar a otros. Esto, ha llevado a muchas personas a servir en ministerios de la comunidad, como servir almuerzo en el albergue para personas sin hogares o llevando Alimentos a Domicilio. Para Beth es muy importante que las personas que visitan su iglesia se sientan bien recibidas y aceptadas, y a menudo sirve de ujier para extender la bienvenida a las personas nuevas que asisten a los cultos de adoración.

⁂

Lee, es un contable que ministra en su trabajo usando prácticas éticas en su compañía y lidiando honestamente con sus empleados y clientes. El dedica su tiempo a la comunidad sirviendo como entrenador de las Ligas Pequeñas de béisbol y es un ejemplo para otros entrenadores del amor de Cristo por los niños. Como miembro del comité de finanzas de su iglesia, Lee trata de asegurarse de que las reuniones del comité sean más que solo una reunión de negocios, animando a los miembros del comité a estar en una conferencia santa con un compañerismo cristiano. Él es parte de un grupo de pacto semanal, donde los miembros oran los unos por los otros y también velan por el discipulado de cada uno.

Todas estas personas están en ministerios vitales. Ellos demuestran al ministerio de servicio y liderazgo en sus vidas diarias en su trabajo, en sus familias, en sus comunidades, en sus iglesias, y en el mundo.

Cuando el Hijo de hombre venga, rodeado de esplendor y de todos sus ángeles, se sentará en su trono glorioso. La gente de todas las naciones se reunirá delante de él, y el separará unos de otros, como el pastor separa las ovejas de las cabras. Pondrá las ovejas a su derecha y las cabras a su izquierda. Y dirá el Rey a los que estén a su derecha: "Vengan ustedes, los que han sido bendecidos por mi Padre; reciban el reino que está preparado para ustedes desde que Dios hizo el mundo. Pues tuve hambre, y ustedes me dieron de comer, tuve sed, y me dieron de beber; anduve como forastero, y me dieron alojamiento. Me faltó ropa, y ustedes me la dieron; estuve enfermo, y me visitaron; estuve en la cárcel, y vinieron a verme."

Entonces los justos preguntaran: Señor, ¿Cuándo te vimos con hambre, y te dimos de comer? ¿O cuando te vimos con sed, y te dimos de beber? ¿O cuando te vimos como forastero, y te dimos alojamiento, o falto de ropa, y te la dimos? ¿O cuando te vimos enfermo o en la cárcel, y fuimos a verte?

El Rey les contestará: "Les aseguro que todo lo que hicieron por uno de estos hermanos míos más humildes, por mí mismo lo hicieron." (Mateo 25:31-40).

Reflexión

- ¿Cómo ha sido usted obediente al llamado al servicio de líder?
- ¿De qué formas puede usted invertir su tiempo y talentos para el ministerio en el nombre de Cristo?
- ¿Qué oportunidades tiene en su vida cotidiana para estar en el ministerio?

El Ministerio de La Diaconisa y El Misionero Local (Nacional)

Diaconisas, quienes son mujeres laicas, y los misioneros locales, quienes son hombres laicos, son personas adiestradas profesionalmente que han sido guiadas por el Espíritu Santo a dedicar sus vidas a un servicio para Cristo bajo la autoridad de la iglesia. Son aprobados por un proceso establecido por las Mujeres Metodistas, consagrados y comisionados por un obispo para servir en lugares aprobados por la junta de Mujeres Metodistas. Se relacionaran continuamente a la Iglesia Metodista Unida por medio de las Mujeres Metodistas (*Libro de Disciplina*).

La Oficina de Diaconisa fue autorizada inicialmente por la Conferencia General de la Iglesia Metodista Episcopal en el año 1888, y subsecuentemente, fue autorizada por cada uno de los organismos anteriores que constituyen ahora la Iglesia Metodista Unida. La oficina le ofrecía a mujeres laicas la oportunidad de servir en una relación del ministerio de servicio de por vida. La categoría de misionero local fue creada por la Conferencia General de 2004, y provee a hombres laicos la misma oportunidad.

Las Diaconisas y los Misioneros Locales funcionan como una orden diaconal laica dentro de la Iglesia Metodista Unida. Ellos sirven en diversas formas de servicio dirigidos hacia al mundo para hacer conocer a Cristo en la plenitud de su ministerio y misión. Los ministerios de las diaconisas y misioneros locales se enfocan en:

- Aliviar el sufrimiento;
- Erradicar las causas de la injusticia, que roban la vida de dignidad y valor;
- Facilitan el desarrollo pleno del potencial humano; y
- Participan en la construcción de la comunidad global a través de la Iglesia universal.

Servicio de tiempo completo es la norma para aquellos que sirven como diaconisas o misioneros locales. Esto significa que todo el tiempo vocacional de la persona está dedicado al trabajo del ministerio donde la persona es nombrada por el Obispo.

Diaconisas y misioneros locales, forman una comunidad de pacto que está basado en las Escrituras, informada por la historia, motivado por la misión y es ecuménica en ámbito y alcance global. Estos son laicos que han respondido al llamado de Dios en sus vidas y son consagrados y comisionados a estar en una relación continua de por vida con la Iglesia Metodista Unida. Son nombrados a un ministerio donde sirven de tiempo completo en amor justicia, y servicio en una vocación relacionada con la iglesia o en una profesión de ayuda. Diaconisas y misioneros locales, sirven en una variedad de contextos incluyendo prisiones, facilidades de cuidado médico, escuelas, universidades, agencias de la iglesia, albergues y centros de comunidad. Sus ministerios encapsulan una amplia gama de asuntos de justicia social incluyendo justicia del medio ambiente, inmigración, la pobreza, la falta de vivienda, paz con justicia, refugiados, mujeres y niños, jóvenes y sus familias, y adultos mayores.

Diaconisa y Misionero Local (Nacional) Ministerios de Amor, Justicia y Servicio

Rosa ha estado involucrada en un centro de hospitalidad inmediata por más de una década y ahora sirve como Directora Ejecutiva. El centro es un albergue diario para personas que no tienen hogar, ofrece una despensa de alimentos, y también tiene personal que ofrecen manejo de casos y servicios de abogacía para clientes en necesidad. Ella oyó el llamado de Dios para servirle cuando era joven, pero no sabía cómo responder. Su pastor predicó sobre el llamado de Dios y ella se dio cuenta que había estado negándose al llamado de Dios en su vida. El pastor la motivó a explorar la relación de ser una Diaconisa, así que asistió a un evento de discernimiento. A través de un fin de semana de compartir y orar, Rosa tuvo un sentido de pertenecer a la comunidad de diaconisas y misioneros locales. Como una diaconisa, ella ahora responde al llamado para aliviar el sufrimiento y facilitar el desarrollo del potencial humano en pleno, por medio de su trabajo con personas sin hogar, los marginados, y familias de bajo ingreso. Ella ahora es la líder del centro de acogida donde, las personas con necesidades pueden ir a diario a cocinar una comida, lavar su ropa, tomarse un baño, y conectarse con programas y servicios que les ayudarán a recuperar sus vidas.

sther está llamada a promover un estilo de vida sano con grupos raciales-étnicos. Ella contestó su llamado para ser enfermera de parroquia y organiza comunidades. Los estilos de vida saludables en su congregación, incluyen un programa de bienestar y un programa de orientación para niñas adolescentes. Su coordinación de servicios de salud y bienestar por medio de la iglesia, sirve a aquellos que a menudo se encuentran privados de derechos por el sistema de salud médica. El programa de mentoría ayuda a niñas adolescentes a subir su puntuación del examen ACT y les da acceso a mejores oportunidades en la vida. Ella va más allá de su congregación y hacia la comunidad que le rodea sirviendo como defensora de las personas sin hogares y a los oprimidos, promueve el registro de votantes, y a educar y a fortalecer a los ciudadanos contra el crimen. Su ministerio se desarrolló a través de un discernimiento para ser diaconisa. Cuando fue forzada a jubilarse antes de tiempo, encontró una nueva vida a través de las diaconisas y misionero local donde aprovecho sus dones en el servicio público para celebrar y elevarlos como una respuesta al llamado de Dios.

orge es un misionero local que estaba trabajando en una universidad en el Departamento de Agricultura. Al ver cuanta comida sobraba en el campo, después de la cosecha, se sintió llamado a comenzar un nuevo ministerio que llevaría toda esa comida de más, a personas que la necesitaban. Ya ha organizado su propio ministerio con recolectores y voluntarios quienes cosechan esta comida y la donan a bancos de comida, a comedores de beneficencia y a despensas locales de comida. Su ministerio distribuye un promedio de 82,000 libras de vegetales frescos cada año. Tan importante como lo es el proveer comida sana y nutritiva para personas pasando hambre, Jorge también está fomentando sus relaciones con agricultores y voluntarios para que la pasión y el entusiasmo por este ministerio continúen por muchos años más.

onnie es una capellana y coordinadora de cuidado pastoral para un hospital grande. Lo que ella anticipa más durante el día son las visitas diarias con sus pacientes. Ella les ayuda a ajustarse a las rutinas de un hospital mientras alivia el dolor, la soledad, y la ansiedad. Es un gran privilegio ser parte en la vida de los pacientes de esta forma, mientras están en el hospital. Ella reconoce su sentido actual de realización al vivir su llamado de su proceso de discernimiento, antes de ser una diaconisa. Fue por medio de este proceso que su interés en la medicina suscitó de nuevo y encontró una conexión entre sus estudios de seminario y la capellanía en el hospital. Ella supo que había contestado su llamado cuando sintió una paz que la llenaba. Ella encuentra que Dios le provee el coraje, la energía y la sabiduría necesaria para apoyarla en el ministerio, porque está viviendo su llamado.

ara ministra por medio de su música. Ella sirve en dos localidades: en un hospital y en una instalación de tratamiento residencial para veteranos. Para aquellos pacientes en el hospital, su música provee consuelo y terapia en tiempos de dolor y sanidad. Su ministerio con veteranos es igualmente gratificante. Ella enseña piano y guitarra, ayudando aquellos que están aprendiendo por primera vez o que se están re-familiarizando con los instrumentos después de su tiempo de servicio. Como parte de su enseñanza, organiza oportunidades para que sus estudiantes toquen y dirijan cantos a coro en las salas de espera de los hospitales de veteranos, que quedan cerca de donde viven; esto es un ambiente que le es familiar a la mayoría. Así aprovecha las oportunidades de darle a otros mientras aún están se están recuperando de las heridas sufridas durante la guerra.

uan coordina a los voluntarios de una organización de auxilio grande, las cual es responsable de ayudar aquellas personas afectadas por desastres naturales. El es un ingeniero civil retirado, este es su segunda carrera. Juan oyó el llamado de Dios al ministerio de misiones de auxilio durante un viaje misionero a Honduras. Fue una experiencia que le abrió los ojos a la gloria de Dios, y está comprometido ayudar a otros a tener experiencias similares. Cuando alguien mayor comparte con él una experiencia profunda que tuvo al ser voluntario, él sabe que está respondiendo al llamado de Dios, como misionero local.

Reflexión

- ¿Cómo relaciona usted los asuntos más urgentes de justicia social de hoy en día, con la misión de la Iglesia Metodista Unida de hacer discípulos de Jesucristo para la transformación del mundo?
- Nombre un asunto de justicia social que sea importante para usted. ¿Cómo sería el dedicar su vida a tiempo completo hacia un ministerio de servicio que se aplique a ese asunto?
- Diaconisas y misioneros locales sirven en diversos ministerios, guiado por el mandato de Cristo de aliviar el dolor, erradicar las causas de injusticia que roban el valor de la vida y la dignidad, facilitar el desarrollo pleno del potencial humano, y compartir al crear una comunidad global por medio de la iglesia universal. ¿Puede usted relacionar todos estos mandatos su experiencia de llamado?

El Ministerio del Diácono

Dentro del pueblo de Dios, algunas personas son llamadas al ministerio de diácono. Las palabras diácono, diaconisa, y diaconado todas provienen de una misma raíz griega – *diakonos* o "sirviente", y *diakonos*, o "servicio." Desde muy temprano en su historia, la iglesia instituyo una orden para que diáconos dirigieran a la iglesia en un ministerio de servicio, relacionado especialmente, a ministerios que personifican compasión y justicia. Aquellos que son llamados a servir como diáconos, se comprometen al liderazgo de servicio de por vida, que está autorizado por la iglesia. Ellos son ordenados por un obispo.

Los diáconos cumplen con el ministerio de servicio en el mundo y guían a la iglesia en relacionar la vida de los cristianos reunidos a sus ministerios en el mundo …[Ellos] dan liderazgo en la vida de la iglesia: en el enseñar y proclamar la palabra; al contribuir en la adoración, y al asistir a los presbíteros en la administración de los sacramentos del bautismo y la Santa Cena; en el desarrollo y la nutrición de discípulos; al dirigir servicios matrimoniales y funerales; en la encarnación de la misión de la iglesia hacia el mundo, y al dirigir congregaciones en la interpretación de las necesidades, intereses, y esperanzas para el mundo.[10] (*Libro de Disciplina*).

El papel del diácono ordenado en plena conexión es tan diverso como las necesidades del mundo. Fiel a la larga historia de los obreros diaconales, el llamado del diácono a la Palabra, servicio, compasión y justicia, se vive en una variedad de maneras. Pero siempre enfocado a ofrecer liderazgo de servicio, en uno o más de los aspectos siguientes:

- Dirigiendo a la iglesia en su ministerio de servicio, en la formación de discípulos y alcance conexional.
- Ofreciendo su liderazgo a un ministerio de servicio directo, más allá de la iglesia local.
- Ofreciendo su liderazgo en la dirección del culto y asistiendo en los sacramentos de bautismo y la Santa Cena.
- Enseñando y proclamando la Palabra directamente, o encarnando la Palabra de amor y la justicia de Jesús, a través de acción y hecho.

Los diáconos sirven en contextos múltiples:
- En una iglesia local
- En una agencia de servicios sociales afiliada con la IMU
- En una conferencia anual o una junta general de la iglesia
- En una organización o ministerio, más allá de la iglesia local que responde a las necesidades de la comunidad.

Los diáconos son responsables ante la conferencia anual y el Obispo, y también ante los directores del lugar donde desempeñan su ministerio. Ellos deben completar una educación teológica avanzada y son entrenados para servir en un área especializada de ministerio.

No importa en qué lugar sirva, todo diácono siempre estará afiliado con una congregación local que ayude, guiándole en la dirección de su ministerio de servicio.

Diáconos Sirviendo en Diversos Sitios de Ministerio

La pasión de Judit por la obra misionera predomina en su trabajo como diaconisa asociada de una iglesia local Metodista Unida. Ella ayuda en la supervisión de los ministerios de adultos en la iglesia de 4,000 miembros, incluyendo a dirigir el culto de adoración contemporáneo, planeando eventos y campañas de mayordomía, organizando estudios bíblicos y ministerios de grupos pequeños, y enseñando liderazgo a 260 adultos solteros entre los 24 y 82 años de edad, representando por lo menos ocho denominaciones. El ministerio de adultos solteros, divido entre grupos personas mayores y más jóvenes, ofrece clases dominicales, actividades sociales, estudios bíblicos semanales, retiros y oportunidades de trabajo misionero. Con

La Reverenda Lillian Smith, una presbítera, preside en la Sagrada Comunión, asistida por El Reverendo David Dodge, un diácono.

40

su respaldo y guía, el ministerio de adultos solteros y la iglesia en su totalidad, han apoyado a misioneros, han visitado a Costa Rica y México en viajes misioneros y ha provisto necesidades para un albergue de familias cerca de la iglesia, ha colectado varios artículos para la Sociedad de Saint Stephen y ha construido hogares para iniciativas del sector privado.

⁂

Jim ha respondido al llamado a ser diácono como trabajador social con formación de seminario y sirve como director de un hogar infantil Metodista Unido. Esta agencia se ha convertido en uno de los principales proveedores de cuidado de crianza para niños que han sido abandonados o que han sido abusados física o sexualmente. Jim nota que es en medio del sufrimiento y la opresión, donde la encarnación del ministerio de Jesucristo debe estar presente. Él está conectado con no una, sino todas las iglesias en el área, para interpretar la necesidad tremenda que hay en nuestra sociedad dando esperanza a nuestros niños. El encarna el pasaje bíblico de Mateo 24:4 que dice, "Yo les aseguro que todo lo que hicieron por uno de estos hermanos míos más humildes, por mí mismo lo hicieron."

⁂

María es una diaconisa que ha combinado su formación como consejera con su educación teológica, para responder a su llamado al ministerio. Ella sirve como directora de un centro de intervención de crisis y cree que su trabajo es una extensión del ministerio de Jesucristo y por ende, de la iglesia. En su oficina, ella responde a llamadas de crisis de personas que están sufriendo de depresión o que enfrentan problemas en sus vidas y necesitan hablar con alguien que les demuestre atención y cuidado y también está comprometida a conectar las necesidades de la comunidad con los dones y talentos de la congregación donde sirve.

⁂

l área de cuidado de la salud es el sitio de ministerio de Noemí. Ella sirve como enfermera de la parroquia para cumplir su llamado al ministerio de diácono. En su comunidad hay muchas personas de edad mayor que necesitan los servicios de una enfermera. Noemí combina sus habilidades como enfermera licenciada, con el cuidado pastoral y la educación teológica, para ser una presencia en el Cuerpo de Cristo, la iglesia, con el pueblo.

⁂

ean ha sido nombrado como diácono para coordinar y movilizar el ministerio de alcance de una iglesia local. Él estudia las necesidades de la comunidad y determina como la congregación puede responder. El conoce los dones, talentos y habilidades de aquellos en la congregación y como ellos pueden hacer una presencia significativa y una diferencia en la comunidad, a través de estar involucrados en ministerios para personas sin hogar, en programas de hospicio, Alimentos a Domicilios, cuidados para personas desahuciadas, Habitat para la Humanidad, ministerios en las cárceles, centros de rehabilitación, albergue para mujeres maltratadas, y el programa de cuidado para pacientes con el HIV/SIDA. El ve la importancia de la interrelación de la comunidad y la congregación. Su llamado es hacer real las palabras de Juan Wesley, "El mundo es mi parroquia."

⁂

oan dice que ella esta llamada por Dios, a ministrarle a personas que creen que Dios no les ama. Ella comenzó un ministerio con mujeres embarazadas para servir como un conducto de gracia para consolar el espíritu, nutrir la esperanza y representar la presencia de un Dios amoroso dentro de un ambiente multicultural y ecuménico. Joan ministra a mujeres embarazadas que están encarceladas, ayudándoles a recuperarse del dolor y la ira por no poder atender y criar a sus recién nacidos. Funciona como su amiga de parto, capellana y 'mamá', mientras dan a luz. Para conectar el mundo de la cárcel y la iglesia, la congregación en donde sirve Joan asiste como ministro de reconciliación, manda Biblias rosadas o azules y cartas

La Reverenda April Casperson, derecha, una diácono, asiste durante el servicio culto de apertura en la Conferencia General de la Iglesia Metodista Unida de 2012 en Tampa, Florida. De izquierda: Obispo Larry Goodpaster, Obispa Peggy Johnson, Obispa Rosemarie Wenner, y Obispo João Somane Machado.

de aliento a las encarceladas y a las personas que cuidan de los bebés. También colabora como capellana y directora espiritual para jóvenes en facilidades residenciales de tratamiento. Joan y su congregación proveen un ministerio de apoyo a familias que han experimentado la pérdida de un bebé durante las primeras 20 semanas de embarazo y ella es líder de un servicio memorial anual en la iglesia. Joan cumple el ministerio del diácono conectando las necesidades y sufrimientos del mundo, con la respuesta de la iglesia.

Reflexión

- Se ha dicho que el alcance del ministerio de los diáconos lo determinan las necesidades de la sociedad; Para conocer estas, hay que discernir las señales de los tiempos en un espíritu de oración. Al ver y escuchar las noticias; ¿cuáles son algunas de las señales en su comunidad y en el mundo que reflejan las áreas de ministerio en las que los diáconos pudiesen servir?

- ¿Cómo se refleja el ministerio del diácono, en el ministerio servidor y de liderazgo de servicio.
- ¿Acaso tiene usted los dones, talentos e intereses que se identifican con el ministerio especializado de un diácono? ¿Cuáles son algunos de estos? Visite www.explorecalling.org para aprender más sobre cómo identificar sus dones espirituales.
- ¿Cómo podrían estos dones especiales, talentos e intereses, ser usados por un diacono a nombre de la iglesia en servicio a la misión y ministerio de Cristo?

El Ministerio Pastoral de los Presbíteros y Los Pastores Locales

La Iglesia Metodista Unida ordena como presbíteros, a aquellos cuyo liderazgo incluyen la predicación y la enseñanza, la administración de los sacramentos y el dirigir a la iglesia en misión y servicio. Adicionalmente, aquellos nombrados a servir las obligaciones de un pastor, pero que no han sido ordenados, obtienen una licencia para el ministerio pastoral.

En la Iglesia Metodista Unida, un cargo pastoral consiste en dirigir una o más iglesias locales o congregaciones a las que un pastor ordenado o con licencia es nombrado. En las iglesias más grandes puede haber otros pastores ordenados, o personal con licencia, quienes son nombrados como pastores asociados. En algunas comunidades de fe, el pastor titular podrá participar en un equipo pastoral que incluye pastores locales, miembros asociados, diáconos y laicos. En otros casos, dos pastores podrán ser nombrados co-pastores de una iglesia o cargo. En ocasiones varias iglesias locales forman una congregación cooperativa, un grupo ministerial o ministerio de extensión que cuenta con una plantilla de personal que incluye más de un ministro ordenado y personal remunerado. El personal a sueldo de iglesias grandes o congragaciones cooperativas podrá incluir administradores, educadores, directores de música y especialistas de ministerios a grupos de edad, y otros que prestan servicios a la congregación y a la comunidad. Algunas de estas personas pueden ser ministros diaconales, otras pueden estar en misión de la Junta General de Ministerios Globales.

Ya sea que la iglesia sea grande o pequeña, las tareas del pastor con licencia o el ministro ordenado son similares. Las responsabilidades de un pastor incluyen el ministerio de la Palabra, Servicio, Sacramento y Orden, y están delineados a continuación.

En el contexto de este ministerio cuádruple, un(a) pastor(a) dedica su atención a las siguientes tareas:

1. Palabra y los actos Eclesiales
- Predicando la Palabra de Dios y enseñando las Escrituras
- Dando asesoramiento personal, moral, y espiritual
- Realizando bodas y funerales
- Visitando a la comunidad de fe, los enfermos, los ancianos, las personas encarceladas y otras personas en necesidad
- Manteniendo todas las confidencias dentro de los límites de la ley

2. Sacramentos
- Administrando los sacramentos del Bautismo y la Santa Cena
- Fomentando el uso privado y congregacional de otros medios de gracia

3. Orden
- Siendo el/la administrador/a de la iglesia local
- Administrando los asuntos diarios de la iglesia
- Participando en programas de la denominación y la conferencia
- Dirigiendo la congregación en inclusividad racial y étnica

4. Servicio
- Personificando el ministerio de Jesús en su ministerios de liderazgo y servicio
- Mostrando su liderazgo, ordenando a la congregación para ministerio en el mundo
- Edificando el cuerpo de Cristo como una comunidad de fe solidaria y dadivosa
- Participando en la comunidad y en asuntos ecuménicos e interreligiosos

Los pastores varían mucho en sus intereses, habilidades y actitudes. Estas características personales, combinadas con las necesidades de la congregación, llevan a los pastores a destinar porciones de su tiempo a las tareas principales del pastorado que se han descrito anteriormente. Aunque los pastores de las iglesias grandes pueden especializarse en una o dos de estas áreas de responsabilidades básicas, la mayoría de los pastores deben dedicar su atención a todas las funciones ya mencionadas, mientras que, al mismo tiempo, deben atender al cuidado de sus propias necesidades personales y las necesidades de sus familias. Los casos siguientes le ofrecen una idea de la variedad de formas en que se viven estas responsabilidades.

Un Diario de Ministerios Pastorales

Domingo: Sunyoung, es una seminarista que se graduó recientemente y ha sido nombrada pastora asociada de una iglesia grande de un suburbio. Esta mañana se levantó antes de lo acostumbrado porque se trataba de uno de los pocos domingos del año que iba a predicar en los cultos de adoración de las 8:30 y 11:00 a.m. Normalmente, su participación en el culto se limita a la lectura de las Escrituras o a una oración. Además de la predicación, durante la hora de la escuela dominical dio una clase de adultos jóvenes, y por la noche asistió a la reunión de los jóvenes. Al final de un día tan ocupado, Tim, uno de los líderes del grupo de jóvenes necesitaba hablar con ella acerca de cómo ayudar a un amigo que tenía un problema.

❧

Lunes: Una pareja pastoral, Doug y Sandy, están asignados a un circuito rural. Después del desayuno trabajaron juntos en los planes del culto para el domingo siguiente y revisaron su apretada agenda para la semana. Mientras que Sandy estudiaba un material de consulta para su sermón, Doug escribió un artículo para el boletín de la iglesia. Sus tareas fueron interrumpidas cuando llegó Sue a pedirle ayuda a Doug en la búsqueda de un hogar de convalecencia para su madre de 86 años de edad. Después del almuerzo, Sandy fue al hospital a visitar a varios miembros; mientras, Doug se puso en contacto con el director de un hogar Metodista Unido para saber que opciones habrían para Sue y su madre. Después de la cena, Doug participó en una reunión en la iglesia, mientras que Sandy decidió descansar después de un día muy atareado.

⚜

Martes: Rod es pastor de una iglesia urbana Afro Americana que está creciendo. Temprano por la mañana salió de la casa pastoral y fue a sentarse en el banco de la parada del autobús urbano para platicar con la gente que salía al trabajo. Interesado por saber quienes eran y que hacían, tuvo la oportunidad de hacer consejería de calle e informarlos de los ministerios de su iglesia. A las 8:00 de la mañana estaba en el hospital para acompañar a la familia Jackson, mientras

Los presbíteros son los principales responsables de la administración de los sacramentos del bautismo y la Sagrada Comunión. El Obispo Jim Dorff, centro, bendice el pan de la Comunión, asistido por el Reverendo Forbes Matonga, un presbítero, y la Reverenda Kim Ingram, una diácono.

47

el señor Jackson era intervenido en una cirugía. La familia tenía muchas preguntas acerca de los procedimientos del hospital, sobre la muerte y la fe. Esta fue su primera oportunidad de conocer mejor a esta familia. Regresó a su oficina en la iglesia alrededor de las 10:30 de la mañana y finalizo los detalles del orden del culto para el domingo. Rod almorzó con el comité que estudiaba las formas de obtener servicios de tutoría para niños que no están siendo bien atendidos en los programas de las escuelas públicas. Ese mismo día por la tarde se reunió con un señor que necesitaba que lo asesoraran para conseguir empleo, con una pareja que está tramitando su divorcio, y con una jovencita que cree que está embarazada.

M iércoles: Juanita es la pastora local de una pequeña congregación Hispana que está tratando de establecer su ministerio en un barrio satélite de un centro metropolitano. La población de habla hispana, ha estado creciendo rápidamente, a raíz de nuevos residentes que se han establecido en esta área urbana relativamente pequeña. A media mañana, Juanita se reunió con el gerente de personal de una fábrica local, para ver si había oportunidades de empleo para las personas desocupadas de su comunidad. Por la tarde, camino por el barrio y se detuvo a platicar con la gente. Ella descubrió más necesidades de las que jamás podría aspirar a atender. Esa noche, acompañada del líder laico de su iglesia, se reunieron con el comité de síndicos de la iglesia que les permitía compartir facilidades. Hay frustración por los costos adicionales de mantenimiento del edificio que utilizan dos congregaciones distintas. Juanita espera con anhelo que llegue el día en que su congregación pueda tener instalaciones propias para sus propias su iglesia.

J ueves: Linda es la pastora de una iglesia de pueblo. Después de despachar a la escuela a su hija menor, se dirigió a una reunión con los otros pastores del distrito. Juntos discutieron algunas responsabilidades y planes para organizar un programa de capacitación de líderes, y después escucharon a un grupo interdenominacional de pastores hablar sobre las preocupaciones ecuménicas de la zona. Durante el almuerzo del grupo, le avisaron a Linda que el Sr. Young había muerto y que el funeral seria el sábado por la tarde. Se retiró temprano del almuerzo y fue directamente a la residencia de la familia Young. La Sra. Sandra Young y sus niños estaban muy trastornados y necesitaban el consejo, el apoyo moral y las oraciones de Linda; de modo que Linda se quedó el resto de la tarde para acompañarlos. Después de ir a su casa a cenar con su familia, se reunió

Presbíteros también pueden servir fuera de la iglesia local. El Reverendo Dr. Kah-Jin Jeffrey Kuan, un presbítero, es el presidente de la Escuela de Teología de Claremont.

con el grupo de personas voluntarias que irían a visitar los hogares de nuevos residentes en el área, a las personas que han visitado su iglesia, y que visitan a los enfermos y afligidos. El enterarse de la muerte del Sr. Young por medio de Linda ayudó al grupo a reconocer la importancia de su tarea de visitador.

❧

Viernes: George es un presbítero ordenado que forma parte de un equipo de ministerio congregacional. Ya que el viernes es su día libre, el terminó de preparar el culto de adoración del domingo, el jueves por la tarde, antes de reunirse con el equipo del ministerio congregacional. Él tiene planes de hacer mandados para la casa, de hacer ejercicios y salir con sus amistades para cenar. El sábado se reunirá con otros líderes congregacionales para, juntos reflexionar sobre los ministerios actuales de la iglesia y los planes para el mes siguiente. El recibió unas cuantas llamadas de miembros de la iglesia, pero como era su día libre, programo reuniones con ellos para la próxima semana.

ábado: Minsuk, es un pastor Coreano que está trabajando arduamente para desarrollar una congregación pequeña en un área metropolitana. Se levantó temprano, como de costumbre y empezó el día en oración con su familia. Oraron los unos por los otros, por la iglesia, por las necesidades de los miembros y por el mundo. Después del desayuno Minsuk leyó un poco, hizo algunos cambios a una sección de su sermón, e imprimió las copias del boletín del orden del culto dominical. Después, dedicó un par de horas visitando a algunos miembros de la iglesia antes de regresar a la iglesia para la reunión de jóvenes, por la tarde. Momentos después de que los jóvenes se despidieron, llegó una pareja joven con sus amigos y familiares para el ensayo de la boda que tendría lugar el domingo por la tarde. Después de la cena del grupo de ensayo, Minsuk se dio tiempo para estar con su hijita de preescolar, antes de ponerla a dormir. Minsuk y su esposa se han adaptado a sus horarios de trabajo, dedicándole tiempo a su familia a mediados de la semana, por no poder hacerlo durante los fines de semana.

Reflexíon

- ¿Cómo se relacionan el ministerio del pastor y sus múltiples responsabilidades y los dones que usted podría traer a este ministerio? ¿Cree usted poder adecuar al estilo de vida multifuncional de un pastor?
- ¿Cómo se complementa el ministerio pastoral con el ministerio laico dentro de la iglesia local?

Capellanía y Conserjería Pastoral

Si usted no lo sabía, quizá ya ha descubierto leyendo este libro, que los clérigos Metodistas Unidos pueden servir al pueblo de Dios en otros ministerios fuera de las iglesias Metodistas Unidas. ¿Sabía usted que los diáconos, los presbíteros, y los pastores locales con licencia, también pueden servir como consejeros pastorales o capellanes?

Diáconos, presbíteros, y pastores locales pueden servir en ministerios de cuidado pastoral en sitios especializados. Diáconos, presbíteros, miembros asociados, y miembros provisionales, pueden ser endosados después de completar los requisitos. Pastores locales con licencia podrán obtener la clasificación de asociados de la Agencia Metodista de Endoso.

La diferencia primordial entre estos nombramientos y la iglesia local es la naturaleza de la institución en que el ministerio se lleva a cabo y el rol del presbítero en esa institución. Algunas de las instituciones donde sirven capellanes incluyen hospitales, hospicios, cárceles, industrias, el lugar de trabajo y el servicio militar. Los consejeros y las consejeras pastorales se encuentran tanto en la práctica privada de su profesión, o como empleados en centros de consejería pastoral.

Muchas veces, capellanes y consejeros pastorales sirven en instituciones que son culturalmente diversos y multi-disciplinarios. Mientras los capellanes cumplen funciones tradicionales como son los ritos, los sacramentos, las ordenanzas, cuidado pastoral y educación religiosa, también desarrollan funciones no tradicionales que varían basados en las necesidades del sitio de su ministerio.

Descripciones de los Capellanes y Consejeros Pastorales

Los Capellanes de Hospitales
Todos los días, los capellanes de hospitales ayudan a los pacientes y sus familiares a enfrentar problemas de enfermedad, discapacidad y hasta la muerte. En los hospitales psiquiátricos, los problemas son más complicados y difíciles. Los capellanes en estos sitios son parte de un equipo. Ellos trabajan juntos con los doctores, las enfermeras, los psiquiatras y los trabajadores sociales.

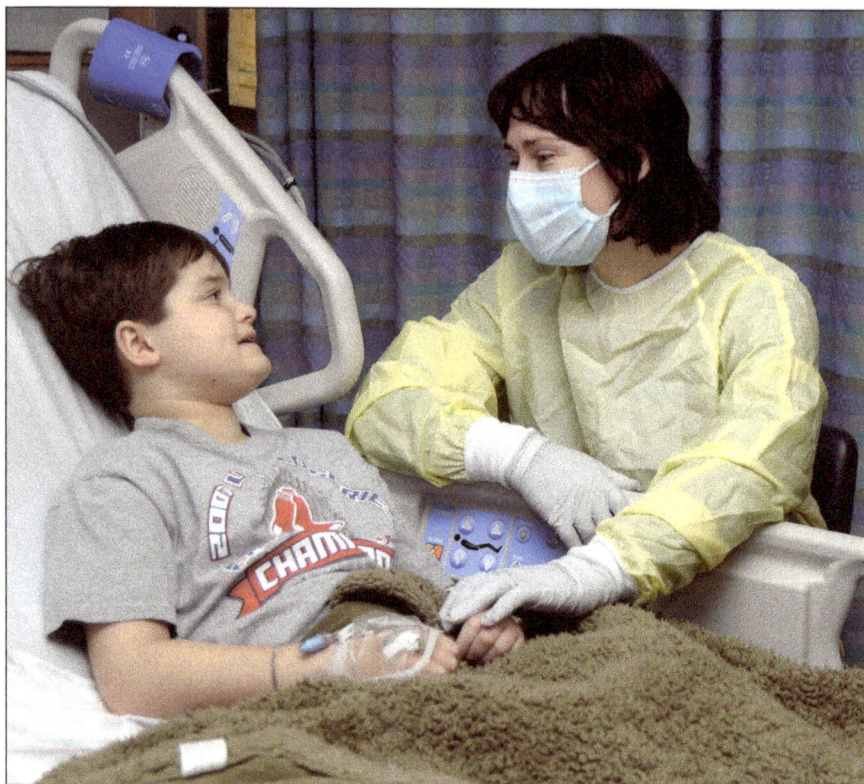

Los capellanes militares y en lugares de trabajo, brindan asesoramiento y atención pastoral fuera de los paredes de la iglesia tradicional en ajustes tales como en hospitales, cárceles, y las fuerzas armadas.

La responsabilidad del capellán es la de proveer cuidado pastoral para pacientes, sus familias y el personal del hospital. Dicho cuidado se extienden hacia aquellos que están en los pabellones del hospital y en las salas de espera, de cirugía y cuidado crítico. Generalmente, los capellanes forman parte de comités de ética, cuando el hospital considera los asuntos complejos de la medicina moderna. Frecuentemente, llevan a cabo estudios bíblicos y dirigen servicios y cultos de adoración en las capillas de los hospitales.

Los Capellanes de las Instituciones Penales

"Estuve en la cárcel, y vinieron a verme" (Mateo 25:36). En los establecimientos penitenciarios (prisiones, cárceles, y centros de detención), los capellanes tienen oportunidad de pastorear comunidades únicas y diversas, tanto en formas tradicionales como en las no tradicionales. Ellos predican, enseñan, bautizan, sirven la Santa Cena, aconsejan, visitan y prestan sus servicios a la congregación de presos. Son pastores no solo de los reclusos, sino también del personal, y las familias de ambas comunidades. Atienden y están a disposición de todas las personas encarceladas sin importar cuál sea su afiliación religiosa. Esto incluye tener que reclutar, formar, y supervisar una amplia variedad de voluntarios religiosos de las comunidades circunvecinas. Los capellanes sirven de enlace entre las comunidades religiosas fuera de la institución penal y los que están en el interior; ayudando así a construir puentes de cuidado y servicio en ambos sentidos.

Los Capellanes en la Industria y Otros lugares de Empleo

El éxito de cualquier industria se mide por su tasa de producción y el flujo de ganancias. El capellán industrial se ubica entre las necesidades personales de los empresarios y los hombres y mujeres que son el motor de la maquinaria industrial. Cuando estas personas llegan cada día a su empleo traen con ellas todo lo que está ocurriendo en su vida personal – desde la alegría propia del nacimiento de su primer bebe, hasta un problema persistente de adicción al alcohol – que afecta inevitablemente a su familia y el rendimiento de sus labores.

Los capellanes imparten a su atención pastoral a las personas de las empresas y de la industria, respondiendo a necesidades personales y familiares, así como asuntos de su empleo y su vida, tales como el estrés laboral y su carrera. Proveen a su vez un ministerio preventivo y un ministerio que busca dar solución a los problemas, y que alcanza hacia afuera con una preocupación para todas las personas.

Los capellanes trabajan con la gerencia industrial a varios niveles. Ellos frecuentemente capacitan a los supervisores para relacionarse de manera más efectiva con los empleados que sufren algún problema personal. El capellán influye también en el plano de la póliza interna de la empresa, consultando con la gerencia cuando se proponen nuevas políticas laborales. La consejería individual, a menudo lleva a los referidos a programas internos o a los servicios sociales de la comunidad.

Los Capellanes Militares

La tarea de los capellanes militares no es la de justificar la guerra, sino la de ministrar en un ambiente único a las necesidades espirituales de los hombres y mujeres que sirven en las fuerzas armadas y a sus familias. A los capellanes militares jamás se les ha pedido violar los principios de su fe, ya que desempeñan su ministerio en un escenario pluralista tanto en la guerra y como en la paz. El capellán recibe entrenamiento para el servicio con los miembros del cuerpo militar, y se prepara para estar espiritual, mental y físicamente listo para ir a donde y cuando los miembros del servicio sean desplazados a cualquier sitio del mundo.

El capellán ejerce su ministerio junto con el personal del comandante, y tiene acceso a la tripulación de servicio en las líneas de vuelo, en las escuadras motorizadas, en los buques navales y en el campo de batalla. En las bases y puestos militares, las cultos de adoración se llevan a cabo en capillas bellamente decoradas con ministerios que se llevan a cabo regularmente durante la semana en las capillas o centros de vida familiar. La iglesia Metodista Unido apoya a los capellanes que sirven a tiempo completo en su servicio activo, como también a los reservistas militares, en colaboración con la iglesia local o ministerios de otras instituciones especializadas.

Los Pastores como Consejeros

Aunque es cierto que todos los pastores imparten consejo a las personas, los pastores consejeros que reciben apoyo de la Agencia Patrocinadora Metodista Unida, se han sujetado a una capacitación adicional especializada con el fin de que puedan integrar los conocimientos de las Escrituras y la fe, con los conocimientos de las ciencias de comportamiento. Los consejeros pastorales son empleados por las iglesias locales; sirven en centros de consejería; en instituciones de salud; o en la práctica privada.

La Singularidad del Ministerio Endosado por la Agencia Metodista Unida de Endoso

Los cleros aprobados por la Agencia Patrocinadora Metodista Unida operan en diversos entornos culturales y religiosos. Estas personas sirven a otros que pueden ser, o no ser, miembros de la Iglesia Metodista Unida. Sin embargo, es debido notar que estas personas logran identificarse con el capellán o el consejero pastoral, si él o ella es creíble y responde a satisfacción a las necesidades de la persona que esta institucionalizada.

Muchas veces, este ministerio se lleva a cabo en concierto con personas clérigas de otros grupos religiosos como católicos, judíos, musulmanes, ortodoxos, o algún otro grupo protestante. Cada capellán está obligado a ofrecer apoyo espiritual que consista de ritos, sacramentos, ordenanzas, labor pastoral y educación religiosa de su grupo de fe, o en deferencia puede coordinarlas con otra persona del clero que pueda responder de forma apropiada a casos de personas cuyas creencias estén en conflicto con su fe.

Se espera que los capellanes sean personas pastorales y proféticas ante la institución. A veces es necesario que los capellanes asesoren a los administradores de la institución sobre asuntos de ética y sobre el impacto que sus decisiones ejercen sobre las personas a su cargo.

A diferencia de las labores de la iglesia local, la coordinación de recursos para su ministerio se efectúa dentro de los procesos administrativos de otra institución. Esta coordinación puede requerir la obtención de un lugar específico donde se puedan llevar a cabo las actividades religiosas, conseguir los fondos necesarios y recursos adicionales como el transporte, suministros, equipo, e incluso el permiso oficial para que las personas puedan asistir con libertad a las actividades religiosas y eventos.

Reflexión

- ¿Siente usted un llamado a la capellanía o la consejería pastoral? ¿Qué tipo de ministerio le interesa?
- ¿Qué dones, entrenamiento, educación, y experiencia de trabajo ofrecería usted pata cumplir con los requisitos únicos de este ministerio especializado?
- ¿Es usted lo suficientemente flexible, para poner en práctica el pluralismo religioso y para trabajar dentro de sistemas de culturas/organizaciones distintivamente diversos?

Sitios y Personal

La Iglesia Metodista Unida está en el ministerio en varias universidades y campus universitarios en los EE.UU. Estos representan varios tipos de sitios de ministerio.

- Algunos son llamados Wesley Foundations o Wesley Fellowships (los sitios de Ministerios Universitarios Metodistas Unidos, financiados en su mayor parte por los presupuestos de su conferencia anual).

- Otros son ministerios ecuménicos universitarios (que colaboran a nombre del Metodismo Unido con una o varias denominaciones que colaboran entre si, la responsabilidad de su financiación).

- Algunos ministerios universitarios se efectúan bajo la responsabilidad de capellanes en instituciones Metodistas Unidos o en universidades y colegios privados. (Estos ministerios son financiados por la propia institución.)

- Algunos son ministerios establecidos por una o más congregaciones locales. Estos pueden reunirse en una iglesia local o en otro lugar cerca del campus. El personal puede ser de ministros universitarios, quienes también sirven a una congregación.

En colegios y universidades independientes o que están relacionados con alguna iglesia, el capellán puede ser parte de la oficina de asuntos estudiantiles o del departamento de religión. O bien, el capellán puede responder directamente a la oficina del presidente de la institución. Las instituciones relacionadas con una iglesia por lo regular proveen espacio en el campus para la oficina del capellán y sus respectivas actividades.

En algunos colegios y universidades privadas, puede haber un capellán y un ministro universitario Metodista Unido. Mientras el capellán sería responsable por la comunidad entera del campus (que puede incluir programación y relaciones inter-religiosas), el trabajo del ministro universitario Metodista Unido es servir en el ministerio Wesley Foundation o Wesley Fellowship en el campus.

En colegios o universidades públicas, el ministerio universitario puede estar ubicado junto al campus de la institución, o en un edificio aparte que sea propiedad de la iglesia, aunque hay situaciones en que ocupan espacio en el proprio campus. Algunos ministros universitarios de colegios comunitarios no pueden estar ubicados dentro del campus, pero pueden ejercer este ministerio con base en una iglesia local y otras oficinas. Ellos efectúan en gran parte su ministerio de acuerdo con el calendario académico y el ciclo de actividades escolares de la comunidad universitaria.

Algunos de los ministros universitarios y capellanes son presbíteros y diáconos ordenados, otros, no lo son.

También hay diaconisas, misioneros locales, misioneros internados o del programa US-2 que sirven como ministros universitarios.

Algunos trabajan a medio-tiempo o a tiempo completo en el campus universitario. Los ministros universitarios ordenados, en ocasiones son empleados por un colegio, universidad, u organismo ecuménico y son asignados por el obispo de su conferencia anual, y con responsables ante él. De los varios colegios y universidades que sirve La Iglesia Metodista Unida, los las localidades universitarias y los cuerpos estudiantiles varían dramáticamente.

- Un ministro universitario realiza su ministerio al desarrollar programas dentro de un pequeño campus residencial, donde los estudiantes están suficientemente accesibles ya que viven y trabajan en el campus.
- Otro, trabaja en un gran campus urbano donde los estudiantes están por un tiempo limitado en el campus, ya sea antes o después de sus clases.
- Otro más, puede servir en una extensión del campus universitario, donde los estudiantes de todas edades tienen una amplia variedad de estilos de vida y viven en una amplia variedad de situaciones, dentro y fuera del campus.
- Un capellán puede trabajar en una campus de una universidad privada grande donde lo estudiantes, la facultad y el personal, representan varias tradiciones religiosas.
- Otro, puede trabajar en un campus más pequeño, en una institución relacionada con la Iglesia Metodista donde la mayoría de los estudiantes son cristianos.

Estudiantes de la Fundación Wesley de la Universidad Internacional de Florida y del Colegio Miami-Dade durante un retiro en Fort Myers, Florida. El tema del retiro fue "Superar."

El Ministerio del Campus Universitario

En todos estos sitios el énfasis central es el ministerio pastoral Cristiano con los estudiantes. Pero los ministros universitarios y los capellanes, también se preocupan por los miembros de la facultad, el personal y los administradores. Como implica su título, el ministerio del campus es ministerio para todo el campus y abarca varios modelos desarrollo con todas las personas relacionadas con el campus del colegio y la universidad.

El ministerio del campus puede llegar a ser de 200 personas, quienes se reúnen para participar en una conferencia de fin de semana e investigar la perspectiva sociológica, psicológica y teológica. O puede ser un animado debate sobre las artes y la religión, y/o sobre la religión y el laboratorio de anatomía. El ministerio del campus puede ser un grupo pequeño de estudiantes que se reúnen ya tarde para celebrar una vigilia de oración y participar de la Santa Cena.

He aquí otras ilustraciones del ministerio de servicio universitario:

Una estudiante de primer semestre es nueva en la Universidad. Se siente aislada y perdida, y está agonizando sobre si debe de darse por vencida y volver a su hogar. Está pidiendo apoyo emocional, pero también quiere dirección espiritual. El ministro universitario tiene una relación de trabajo colaborativa con el centro de consejería

58

del campus. Ellos colaboran para servir las necesidades de la estudiante completa proveyéndole el apoyo que necesita.

⟨❦⟩

n alumno de último año todavía no ha elegido su carrera. Él sabe que está teniendo problemas, y es que, ha laborado por tanto tiempo bajo las expectativas de sus padres, sus profesores, y la expectativas de sus amigos, que se siente paralizado, incapaz de poder decidir que profesión seguir. El ministro universitario, quien también sirve en una congregación local, conecta al estudiante con un miembro de la congregación que trabaja en el campo, del cual, el estudiante se siente realmente apasionado.

⟨❦⟩

l profesor se detiene hoy una vez más en el despacho del ministro universitario "solo para platicar." Su esposa falleció repentinamente el semestre pasado y él se pregunta cómo podrá seguir levantándose por las mañanas para ir a dar sus clases. El ministro universitario sabe que el profesor se considera "espiritual pero no religioso" y lo escucha con compasión.

⟨❦⟩

a habido tensión racial en el campus por una semana. El viernes el presidente de la universidad llamó pidiendo apoyo para enfrentar el problema. El capellán universitario convoca a los ministros universitarios, quienes representan a varios grupos religiosos, para formular un plan de cómo podrian disminuir la tensión y fomentar un sentido más fuerte de comunidad.

⟨❦⟩

reacionismo. Diseño inteligente. Evolución. La discusión en la Universidad está generando enardecimiento de ánimos en la Universidad, pero muy poco consenso. El vicepresidente de asuntos académicos y el presidente del departamento de biociencias, deciden pedirle al capellán, si él quisiera, ayudar a patrocinar un foro a nivel del campus completo para enfocar el debate. El capellán reúne un panel de expertos de la universidad y la comunidad, para participar en el foro.

⎯⎯✺⎯⎯

El ministerio en el área de educación superior es exigente, pero a su vez es muy gratificante. El ser un ministro o capellán de un campus universitario requiere una amplia variedad de dones, habilidades, educación, compromisos y roles: predicador, maestro, negociador, consejero espiritual, pastor, representante oficial de la institución, líder público de adoración, convocante de grupos pequeños, apoyo para los padres, tutor para los profesores y administradores de la universidad. Estas tareas se llevan a cabo a paso rápido, en un ambiente estresante y exigente. Pero también es estimulante, desafiante, y muy, muy gratificante.

Los ministros y capellanes universitarios trabajan con personas que van desde los graduados de escuela preparatoria de 18 años, hasta miembros de la facultad y estudiantes mayores. La 'congregación' del ministro universitario puede ser de estudiantes y personal raciales-étnicos; estudiantes de segunda carrera y mujeres que regresan a los estudios; estudiantes de ciencia, derecho y medicina; estudiantes que son padres o madres solteros/as; veteranos volviendo a la escuela después de su servicio militar; miembros de fraternidades de varones y hermandades femeninas, o los conserjes o personal de mantenimiento.

Los Problemas y Oportunidades de Ministerio Universitario

Además de la atención que los ministros universitarios dan a estas personas, también se preocupan por los asuntos de valores y educación; que significa ser una persona con educación superior y ser cristiano, como auxilian la fe y la educación a que las personas contribuyan como ciudadanos de la sociedad y el mundo. Todas estas facetas importantes del trabajo de un ministro en una institución de estudios superiores, que aportan una contribución, afectan el ambiente de las instituciones de enseñanzas superiores.

60

Algunos ministros y capellanes de la institución enseñan cursos de religión y otras disciplinas; unos ofrecen cursos de crédito en el plan de estudios; mientras que otros ofrecen cursos opcionales sin crédito académico. Aquellos que enseñan cursos de crédito académico a menudo han completado, además de su título de teología, un doctorado en filosofía, educación, o teología, (Ph.D, Ed.D. Th.D.) en su área de enseñanza académica.

Otros más dan catedra en otros departamentos, no necesariamente de religión, como filosofía, psicología, sociología, inglés, economía, u otras áreas. Esto significa que la persona es empleada como miembro de la facultad y llena los mismos requisitos de preparación académica que los demás profesores. La conferencia anual puede nombrar a un pastor ordenado a impartir clases en la institución. También pueden nombrar a presbíteros, diáconos y otros laicos para que sirvan en posiciones administrativas del colegio o universidad, como consejeros, decanos o presidentes.

El ministerio en la educación superior involucra la mente y el corazón. Se compromete con los estudiantes y el personal, la facultad y los administradores, la iglesia y el mundo implica conocimientos académicos y la piedad vital. La escritora Madeleine L'Engle resume su experiencia de la enseñanza superior de esta manera: "Mis…años de estudios universitarios fueron una mezcla de alegría y dolor." Alegría y dolor.[3] Y el ministro está presente para atender a todo. Por esta razón, el ministerio universitario es tan importante, tan retante, y tan impredecible. Es un llamado valido y valorado.

Reflexión

- Piense en los dones particulares que usted tiene para relacionarse con los jóvenes que están tomando decisiones vocacionales sobre su futuro.
- ¿Cómo puede usted ser o no ser una persona idónea para trabajar con estudiantes universitarios, con los profesores y el personal de todas edades para ayudarles a crecer en el desarrollo de su fe?

- ¿Qué tan cómodo/a se siente en cómo se relaciona a personas de todas tradiciones religiosas o aquellos que no profesan tener fe, en un ambiente académico?
- Visite www.explorcalling.org para aprender más sobre cómo identificar sus dones espirituales.

El Personal Misionero

Dios invita a todos los cristianos a participar en su misión. Algunos en particular son llamados a una misión de testimonio y servicio por medio de los ministerios que la iglesia ofrece.

Junta General de Ministerios Globales

La Junta General de Ministerios Globales de la Iglesia Metodista Unida está autorizada para reclutar, enviar y recibir misioneros, capacitándolos para que dediquen la totalidad o una porción de sus vidas a servir a través de fronteras raciales, culturales, y políticas...y a facilitar la recepción y la asignación de misioneros...en cooperación con las otras agencias generales y con conferencias anuales. (*Libro de Disciplina*).

Otras responsabilidades de Ministerios Globales son muy numerosas. Una lista larga de deberes se puede resumir en torno a cuatro objetivos:

La diácono Cindy Johnson (izquierda) y Antonia Redonda, residente de Brownsville, Texas, organizan para detener la construcción de una pared a lo largo de la frontera de los EE.UU. y México. Los derechos de los inmigrantes son una de muchas preocupaciones de justicia social de los diáconos/as y los ministerios de misioneros locales.

- Hacer discípulos de Jesucristo
- Desarrollar y fortalecer congregaciones y sus comunidades
- Aliviar el sufrimiento humano
- Promover la justicia, la paz y la libertad.

Servicios Misioneros

Servicios Misioneros de Ministerios Globales se ocupa específicamente de la identificación, reclutamiento, selección, preparación, formación, asignación, supervisión y apoyo del personal misionero. Colabora con otras unidades de la Junta para tomar decisiones sobre las prácticas y tareas del personal misionero. En lo posible, la asignación del personal misionero se realiza en cooperación con otras iglesias Metodistas Unidas, o con otras iglesias del área de su asignación.

Las responsabilidades específicas de la oficina del Personal Misionero son:

- Dar promoción a las oportunidades que existen para el servicio misionero en relación con Ministerios Globales en todas las circunscripciones de la Iglesia.
- Reclutar, seleccionar, preparar y asignar el personal misionero, incluyendo, pero no limitado, a los misioneros Miembros de Misiones Globales del programa Transformación de Generación, obreros de la iglesia y la comunidad, y misioneros del Plan Nacional para Ministerios Hispano/Latinos.
- Proveer al personal misionero con la preparación y formación necesarias para que puedan ser efectivos en su servicio en ministerios globales.
- Evaluar al personal de misión para ubicarlo apropiadamente.
- Recomendar a los personas candidatos que sean comisionadas (os), como diaconisas y misioneros y supervisor. Además de confirmar el cumplimiento de todos los requisitos de su comisionado.
- Participar en la supervisión y apoyo a personas para el trabajo de misión, a través de la recomendación y procesos de transferencia, de asesoramiento de carrera, de bienestar misionero y desarrollo personal, ofreciendo asistencia para el cumplimiento de su vocación misional.

- Administrar un programa diverso de remuneración y beneficios para el personal de servicio.
- Ofrecer oportunidades de adiestramiento para el servicio misionero a la iglesia global.
- Cooperar con otros organismos ecuménicos en el cumplimiento de las responsabilidades de las personas en misión.
- Facilitar la recepción y asignación de misioneros – laicos y ordenados – de las Conferencias Centrales (fuera de los EE.UU.), de las Iglesias metodistas autónomas, y de Iglesias afiliadas autónomas, en cooperación con otras juntas, agencias, y conferencias anuales.
- Fomentar el apoyo económico del personal misionero de las congregaciones e individuos a través del Programa de Relación de Pacto, un componente del programa Avance para Cristo y Su Iglesia, y otras formas de ampliar el compromiso de misiones.

Tipos y Categorías de Servicios Misioneros

Hay tres tipos principales de relación entre el personal de misión y la Junta General de Ministerios Globales.

- El personal comisionado son misioneros, y otros, con quien la iglesia ha establecido un pacto, por medio de la "imposición de manos" para el servicio misionero.
- El personal no-comisionado que no ha entrado en un pacto pero presta servicio a una variedad de tareas y sitios.
- Las personas en Misión, son personal de misión de Conferencias Centrales y de iglesias compañeras fuera de los Estados Unidos, con quienes la Junta colabora brindando apoyo económico.

El Personal Comisionado

Los Misioneros

Servicio Internacional

Muchos misioneros son llamados a servir fuera de su país de origen, como pastores, maestros, doctores, enfermeros (u otros ministerios de sanidad), trabajadores sociales, plantadores de iglesias, evangelistas, y en una variedad de otras formas por varias formas de ministerios denominacionales o ecuménicos. Los misioneros se involucran en trabajo relacionado al desarrollo de líderes; ministerio con personas que viven en la pobreza; salud global; y comenzando iglesias nuevas. Misioneros de Ministerios Globales típicamente sirven términos de tres años que pueden ser renovados. La mayoría de las asignaciones son fuera de los Estados Unidos.

Misioneros en los EE.UU.

Plan Nacional para Ministerios Hispano Latinos
Respondiendo a la decisión de la Conferencia General de implementar un Plan Nacional para Ministerios Hispano Latinos (NPHLM por sus siglas en ingles), Ministerios Globales creo la categoría de misioneros del NPHLM. Este plan incorpora los misioneros como recursos para implementar la estrategia global en las conferencias anuales. De manera que las asignaciones se hacen en conjunto con las conferencias anuales y estos misioneros, tienen la meta de alcanzar a la comunidad creciente de Hispano/Latinos en los Estados Unidos, por medio de la implementación del Plan Nacional para Ministerios Hispano Latinos.

Trabajadores en la Iglesia y la Comunidad
El movimiento de Trabajadores en la Iglesia y Comunidad surgió hace más de cien años, para proveer servicio y desarrollo de liderazgo a ministerios en áreas aisladas y rurales. Hoy, los trabajadores en la iglesia y la comunidad colaboran para levantar las comunidades de pobreza y privadas de derecho en áreas rurales y urbanas, primordialmente en los Estados Unidos. Las trabajadoras son asignadas a parroquias cooperativas, ministerios étnicos, instituciones de misión, servicios de inmigración y ministerios rurales y urbanos. Algunas son diaconisas o misioneros locales. Tanto clérigos como laicos, pueden servir en esta categoría de misión.

Misioneros Adultos Jóvenes

Generación de Transformación
Compañeros de Misión Global, es un programa de desarrollo de liderazgo y una oportunidad de servicio de misión, que permite a

jóvenes adultos entre los 20 a 30 años participar en misión y ministerios de justicia social, en contextos tanto nacionales como internacionales. El área de programa de transformación, motiva a los participantes a vivir el evangelio transformador de Jesucristo, al conectarse y aprender de las comunidades en que están trabajando, para lograr la santidad personal y social, y los cambios sistemáticos. El programa, se basa en el programa histórico de Ministerios Globales Misioneros US-2, donde se les daba la oportunidad a adultos jóvenes de servir dos años de servicio en misión en los Estados Unidos, y el programa de Internos en Misión, donde se les daba la oportunidad a los misioneros a que participaran en un ciclo de tres años de servicio, dentro y fuera de los EE.UU; y ahora está abierto a jóvenes adultos fuera de los Estados Unidos para participar en servicio misionero dentro y fuera de su país de origen.

Compañeros en Misión Global sirven internacionalmente participan en un ciclo de servicio de 25 meses – aproximadamente 23 meses, internacionalmente, seguidos por dos meses integrando su aprendizaje experimental internacional a su sitio dentro de los EE.UU.

Compañeros en Misión Global y que sirven en su país de origen, se involucran en el servicio misionero por dos años, con organizaciones asociadas con la iglesia Metodista Unida. Compañeros sirviendo en sus propios países, exploran su ministerio y la relación de este, con el contexto misionero nacional y global. Esta opción va a estar disponible para aquellos en los EE.UU. por medio de una versión revisada del programa US-2. Otras oportunidades para el servicio nacional están siendo desarrolladas en otros países.

Personal No Comisionado

La categoría de personal no-comisionado, integra a grupos y personas que tienen algún vínculo con la Junta General de Ministerios Globales, pero que no tienen compromiso de pacto. Pueden participar en proyectos de tiempo limitado o prestar servicios de apoyo. El grupo de desarrolladores de comunidades opera desde una base local, pero es parte de una red bajo la jurisdicción de la Junta.

Los Voluntarios en Misión, no se consideran como parte del personal misionero y la iglesia no les ofrece ninguna compensación o beneficios.

La Iglesia Metodista Unida y las conferencias anuales en los EE.UU., ofrecen una amplia variedad de oportunidades para voluntarios en misión, tanto para equipos misioneros como para personas individuales y los voluntarios ofrecen un servicio misionero extremadamente valioso. Cada conferencia anual tiene un coordinador de Voluntarios en Misión y la conferencia anual colabora con la Junta General de Ministerios Globales a través del programa de Misioneros Voluntarios.

Personas Nacionales en Misión, son personal misionero de Iglesias asociadas fuera de los EE.UU., sirviendo en sus países de origen o en otros países. Ellos sirven en una variedad de posiciones que incluyen la educación, el cuidado de salud y entrenamiento de líderes.

Reflexión

- A través de la Junta General de Ministerios Globales, los laicos y las personas ordenadas (a partir de los adultos jóvenes) pueden responder al llamado del servicio misionero en servicios de corta duración o compromiso de por vida en muchas posiciones y lugares diferentes. ¿Cómo describiría usted la diferencia de este llamado, al del llamamiento a todos los cristianos al ministerio de servicio?

- ¿Qué dones, habilidades e intereses, puede usted aportar a cualquiera de las múltiples oportunidades en que podría participar en una misión de servicio, a nombre de la iglesia, a nivel nacional o internacional?

Notas

1. El Rev. Dr. Martin Luther King Jr, "The Drum Major Instinct" ("El Instinto del Tambor Mayor") sermon predicado en la Iglesia Bautista Ebenezer en Atlanta, Georgia, Febrero del 1968).
2. Resumido del *Libro de Disciplina* de la Iglesia Metodista Unida (Nashville: The United Methodist Publishing House), p.221, 246.
3. Madeline L'Engle, *Two-Part Invention: The Story of a Marriage* (San Francisco: Harper & Row, 1988).

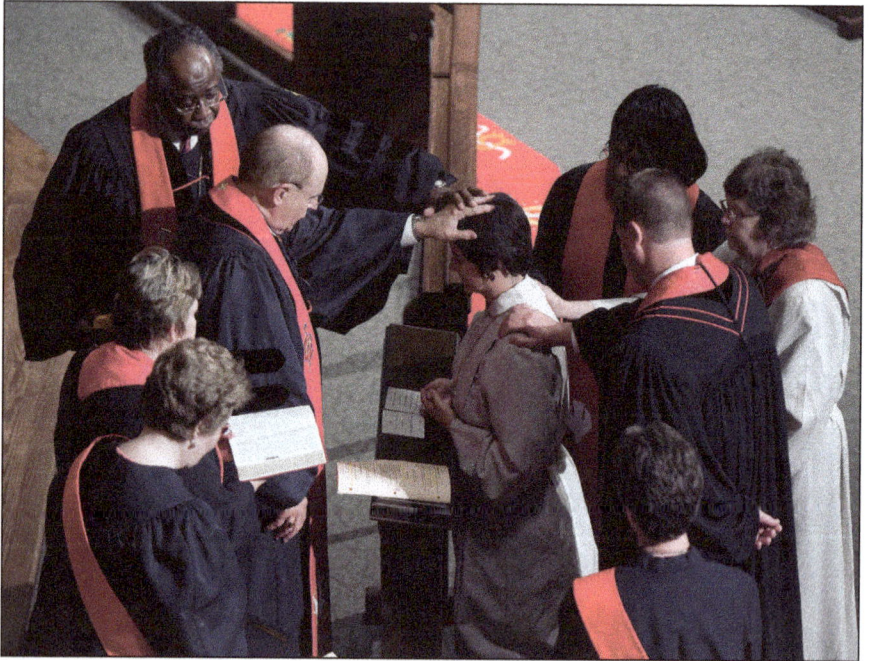

Capítulo Tres
Pasos Hacia el Liderazgo de Servicio

Pasos al Ministerio con los Jóvenes

Tal vez usted está considerando como es que Dios quiere que usted viva su vida. O pueda estar empezando a pensar en las posibles opciones para su formación profesional, o bien puede estar experimentando una fuerte inclinación hacia una determinada ocupación o profesión. En el primer capítulo usted leyó que cuando llega el momento en que los propósitos de Dios y los dones y talentos personales se enlazan, este puede ser una clara indicación del llamado que Dios le hace. Pero también es probable que no sienta ninguna atracción o interés por el Ministerio Ordenado. Puede ser también que le fascine la idea de examinar lo que significaría para usted como persona creyente y bautizada, responder al llamado de Dios a servirle en el ministerio.

La pregunta que usted se debe hacer, no es si Dios le está llamando o no. La pregunta es: ¿Cómo es que Dios me está llamando a servir?

A aquellos que responden al llamado de Dios a ministerios ordenados se les conocen como clérigos. Liderazgo de servicio de otros cristianos, se considera el ministerio del laico.

Cualquiera sea la vocación o carrera que usted elija y le lleve a servir en capacidad de laico o ministro ordenado, escuche con atención la voz de Dios, procure consejo sabio, haga su propio examen y reflexión, y déjese llevar en la dirección que se siente guiado.

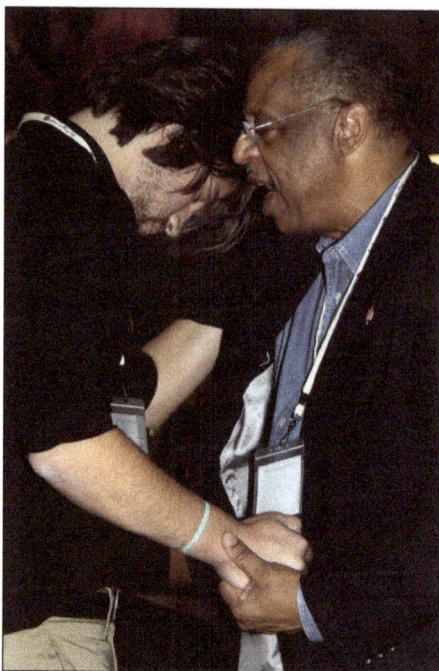

El Obispo Robert Hayes Jr. ora con un joven durante el servicio de compromiso en Exploración 2011.

- Hable con el ministro de los jóvenes, su pastor y otro líder de la iglesia, su ministro universitario o capellán.
- Procure cultivar el trato con otras personas de su edad, o adultos que usted respeta y que desempeñan el tipo de ministerio que a usted le atrae.
- Solicite la opinión honesta de personas que le conocen bien y que pueden ayudarle a identificar sus dones y talentos.
- Lea y estudie sobre las categorías de servicio en este libro.
- Busque información en algunos sitios de la red de internet como www.explorecalling.org y www.gbhem.org/candidacy para aprender más sobre la vocación Cristiana, como responder al llamado de Dios en su vida, e identificar sus dones espirituales.
- Sobre todo, hable con Dios, escuche a Dios, y espere por y responda a la dirección que Dios le revele.

Oportunidades de Liderazgo de Servicio para Personas Jóvenes

- Si se siente llamado al ministerio ordenado, hable con su pastor u otro clérigo sobre los pasos para explorar este llamado. (vea pp. 50-51, para Pasos hacia el Ministerio Ordenado).

- Si se siente llamado a servir en ministerios con personas jóvenes, hay oportunidades, como internados y programas para practicantes que le dan la oportunidad de aprender de otros en ministerios con niños, jóvenes, ministerios universitarios o misiones. Hable con los líderes de su iglesia para ver si estas oportunidades están disponibles en su iglesia.

- Hay Iglesias que suelen patrocinar campamentos regionales durante el verano, y ocupan a estudiantes universitarios para ser parte del personal de ministerio en ese periodo. A menudo en estos campamentos se necesitan consejeros en formación, y contratan a estudiantes de secundaria para estas posiciones. Hable con la persona en su región a cargo del ministerio de jóvenes o de campamentos para obtener más información.

Considere los siguientes factores al preparares para hacer su elección profesional:

Sus Dones — ¿Cuáles son los dones espirituales que usted puede ofrecer a la Iglesia? ¿Qué cosas sabe usted hacer bien? ¿Cuáles son algunas de las actividades que usted disfruta? Si le gusta escribir, ofrézcase para escribir una oración para uso en el culto de adoración. Si es una persona de trato fácil y amistoso, y le agrada conocer a otra gente, ofrézcase para recibir a la gente a la entrada de la iglesia y darles la bienvenida. Si es un buen líder, ofrézcase para servir como consejero de uno de los grupos juveniles. Si le gusta hablar en público, considere la posibilidad de tomar los cursos de oratoria laica. Vea en la sección siguiente las indicaciones al respecto. Cualesquiera que sean sus dones particulares explore las formas en que su iglesia pueda utilizarlos. Visite www.explorecalling.org para más información.

Su Pasións — ¿Qué cosas le apasionan? Quizá ve a una persona que obviamente no tiene hogar y quiere hacer un cambio. O tal vez se ha enterado del genocidio de personas inocentes en otro país y quiere hacer algo para evitarlo. O, quizás ya está cansado de escuchar que jóvenes víctimas de abuso a manos de otros jóvenes y se están haciendo daño. ¿Cómo es que la iglesia responde? ¿Cómo cree usted que puede o debe responder la iglesia? ¿Qué puede hacer usted para involucrarse o dirigir un movimiento? Los ministerios de justicia social son importantes para la vida y misión de la iglesia.

Su vida diarias — Piense en las formas que puede incorporar sus conocimientos y lo que ha aprendido de su experiencia de fe en la vida diaria. Usted sabe que tiene la facultad de poder vivir como Jesús vivió. ¿Qué tiene que ver esto con la forma en que usted trata a otras personas en la escuela? ¿Cómo afecta su conducta personal la forma en que

Una vez que esté seguro de que desea asistir a seminario, investigue Préstamos y Becas de la Iglesia Metodista Unida en www.gbhem.org/loansandscholarships. El Reverendo Glenn "Chebon" Kernell recibió becas apoyadas por Native American Ministries Sunday.

responde a los miembros de su familia? Tenga presente que su manera de vivir y de relacionarse con otros es en sí un ministerio.

Su Carrera — ¿Usted ya ha comenzado a pensar sobre su profesión? Al elegir su carrera considere de qué manera usted puede servir a Dios en lo que hace. Tal vez quiera elegir una carrera en la iglesia. Las iglesias algunas veces necesitan maestros para escuelas en las iglesias. Las conferencias anuales, por lo regular, tienen personas a cargo de las comunicaciones de la conferencia que trabajan para periódicos, supervisan el desarrollo de páginas web, y trabajan con los medios periodísticos. Algunas congregaciones tienen enfermeras de parroquia, y muchas iglesias emplean a administradores de empresas para supervisar las finanzas y la parte de los negocios que incluye el funcionamiento de la iglesia. Considere como usted, puede dar forma a su carrera como un servicio a Dios.

Su vida devocional — Sea cual fuere el ministerio que asuma, usted debe prepararse debidamente para poder dirigir a otros con eficacia. Al tomar cursos de estudio de Biblia y dedicar tiempo cada día para meditar sobre las Escrituras (aunque sea solamente por unos cincos minutos), le prepara mejor para ser eficiente en el ministerio.

Sus oraciones — Manténgase fiel en la oración pidiendo a Dios sabiduría para entender la manera en que pueda usarla. Pida su dirección y practique la quietud para aprender a escucharle. Pida a otros que oren por usted, mientras discierne que liderazgo podrá asumir como ministro.

Pasos Hacia el Liderazgo del Ministerio del Laicado

El liderato de los laicos tiene una larga historia en la Iglesia Metodista Unida. Cuando los predicadores Metodistas hacían su recorrido itinerante por los circuitos de lugares de predicación, fue precisamente el liderato de los laicos de las sociedades metodistas lo que mantuvo activo al ministerio congregacional.

Los Primeros Pasos

Si cree que Dios le está llamando a servir, un buen primer paso es llenar el inventario de los dones espirituales. Estudie y refleje sobre la manera en que sus dones, talentos y habilidades pueden ser utilizados en el ministerio, en su vida personal, en su comunidad y en la iglesia. Tome tiempo para considerar detenidamente ¿Que la apasiona? ¿Qué le inspira? ¿Qué aspectos del trabajo de misión y ministerio le entusiasman? ¿Qué asuntos de la vida de la iglesia o de la comunidad le causan más desvelos? Cuando usted dedica sus dones espirituales a una tarea del ministerio que le emociona, pueden suceder cosas admirables.

Otro paso es críticamente importante al usted explorar y prepararse para cualquier tipo de ministerio. Sea fiel a las prácticas básicas de la fe, o a las disciplinas espirituales que Juan Wesley dio a conocer como los medios de gracia. Estos medios de gracia incluyen la oración, estudio bíblico, el sacramento de la Santa Cena, adoración, ayuno, y conferencias cristianas. Usted puede tomar parte o formar un grupo pequeño que le ayudara a crecer espiritualmente y a mantenerse firme en sus disciplinas espirituales.

Uno de los grupos de este tipo es el Grupo de Pacto de Discipulado. Estos grupos pequeños de apoyo y responsabilidad son un componente valioso de nuestro patrimonio Wesleyano y continúan hoy en muchas iglesias con una vitalidad renovada y de relevancia para el crecimiento en el discipulado. Los Grupos de Pacto de Discipulado de Hoy día, ayudan a sus miembros a ser testigos de Jesucristo en el mundo y siguen sus enseñanzas a través de actos de compasión, justicia, adoración y devoción bajo la dirección del Espíritu Santo. Estos grupos se centran en la práctica de un discipulado equilibrado por medio de las obras de piedad (las devociones personales y la participación en el culto público), y las obras de misericordia (actos de compasión y de justicia).

Pasos a seguir para organizar un Grupo de Pacto de Discipulado

- Para su lectura:
  > *Discipulado Responsable; Viviendo en la Casa de Dios*, Steven W. Manskar, Discipleship Resources
  > *Pacto de Discipulado: Formación Cristiana por Medio de Responsabilidad Mutua*, David Lowes Watson, Wipf & Stock Publishers
- Después de leer los libros recomendados, tenga una reunión con su pastor para discutir la introducción de Grupos de Pacto

de Discipulado a la congregación. El proceso a seguir paso por paso se encuentra en el libro *Formando Discípulos Cristianos: El Rol del Discipulado de Pacto y Líderes de Clases en la Congregación* por David Lowes Watson.

- Si los grupos de Pacto de Discipulado son parte del proceso de formación de discípulos en su congregación, dígale a su pastor que quiere formar parte de un grupo. Si no existen grupos, entonces forme usted un grupo.
- Visite a www.gbod.org/covenantdiscipleship para más información sobre los Grupos de Pacto de Discipulado.

Oportunidades y Pasos para el Liderazgo de Servicio

Los Líderes de Clases

Los líderes de clases dirigieron a los laicos de las primeras Iglesias metodistas en el proceso de desarrollo de su discipulado. Hoy en día, los líderes de clases pueden ser comisionados y pueden organizar clases para la formación de discípulos fieles de Jesucristo.

Hoy, los líderes de clases se reúnen semanalmente con un grupo de Pacto de Discipulado y han sido comisionados por la congregación en consulta con el pastor. A un líder de clase le es dada la responsabilidad pastoral de 15-20 miembros de la congregación que quieren crecer en su discipulado por medio de: visitas regulares, conversaciones telefónicas, correos electrónicos, medios de redes sociales y por correo regular. Los líderes de clases ayudan a los miembros de su clase a crecer en discipulado practicando la Regla General del Discipulado: *"Testificar de Jesucristo al mundo y a seguir sus enseñanzas por medio de actos de compasión, justicia, adoración y devoción, bajo la guía del Espíritu Santo."*

Los líderes de clases colaboran en una asociación con el pastor nombrado a la iglesia en el trabajo de hacer discípulos para Jesucristo, para la transformación del mundo. El pastor se reúne mensualmente con los líderes de clases.

Si siente el llamado a usar sus dones de esta manera:
- Asesore sus dones espirituales. Los dones de enseñanza y liderazgo ayudan en este rol de ministerio.

- Estudie el rol del líder de clases leyendo el ¶117.2.c, 2012 *Libro de Disciplina*.
- Lea, *Líderes de Clases: Recuperando una Tradición*, David Lowes Watson, Discipleship Resources.

El Presidente de Comité o Área de Ministerio

Ser líder dentro de la congregación como parte de un ministerio de equipo, miembro de una comisión o el presidir un comité, es otra forma de ministerio de servicio o liderazgo de servicio de los laicos.

Recursos que le puedan ayudar:

- Participar en un estudio para determinar cuáles son sus dones espirituales o completar una evaluación de los mismos.
- Comparta los resultados de la evaluación de sus dones espirituales con su pastor y/o con el presidente del Comité de Lideres Laicos.
- Lea una copia de la Guía para Dirigir su Congregación, que puede obtener de la librería Cokesbury, para la actividad o el comité que le interese.
- De a conocer su interés a su pastor o al comité de nombramiento en su congregación para que tomen en cuenta su deseo de servir en esta manera.

Delegado Laico a la Conferencia Anual

Los delegados laicos a la conferencia anual, tienen la responsabilidad de representar a su congregación en la conferencia anual y de informar a esta, sobre las actividades y decisiones tomadas durante el periodo de sesiones.

Para considerar esta posición de liderazgo de servicio:

- Debe ser un miembro profesante de la Iglesia Metodista Unida por dos años y debe haber estado activo en la Iglesia Metodista Unida por cuatro años.
- Los delegados laicos a la conferencia anual, son electos por la conferencia de cargo de su iglesia.

El Líder Laico

La función principal del Líder Laico es representar a los laicos de su iglesia local en las actividades del distrito o en la conferencia anual a la que han sido electos. La responsabilidad del líder laico no es solamente representar a los laicos, sino también dar su apoyo al pastor. En las relaciones correspondientes de posiciones, el líder laico del distrito apoya al superintendente de distrito, mientras que el líder laico de la conferencia ofrece su apoyo al obispo. Los líderes laicos con estos cargos pueden ser socios en la oración y en el compartimiento de tareas ministeriales con los líderes pastorales.

Los pasos a seguir:

- Evaluar sus dones espirituales. El don de liderazgo es útil para esta labor en la iglesia.
- Los líderes laicos tienen que ser miembros profesantes de la iglesia local y son electos por la conferencia de cargo de esa iglesia.
- Lea el *Manual del Líder Laico/Miembro Laico*, disponible en Cokesbury, para descubrir las responsabilidades y consideraciones para la labor del líder laico en la iglesia local.
- Es una buena opción para líderes laicos el considerar ser también oradores laicos certificados.

Servidor Laico

Los exhortadores de las primeras sociedades del movimiento Metodista, amonestaban y estimulaban a los miembros a crecer espiritualmente. Después de escuchar la predicación de un pastor, el exhortador ofrecía consejos prácticos sobre cómo poner en práctica lo que habían escuchado, a los miembros de las sociedades. El término de exhortador, eventualmente fue reemplazado por el término orador laico. La labor de los oradores laicos, fue expandida más allá de suplir en el pulpito a varios tipos de ministerios de liderazgo y formación espiritual. En el 2012 la Conferencia General aprobó una legislación para cambiar el nombre de este programa, de desarrollo de liderazgo a Ministerios de Servidores Laicos.

Un servidor laico es un miembro profesante de la iglesia o de cargo local que está listo y dispuesto a servir en la iglesia y que está bien informado y comprometido con las Escrituras y la doctrina, patrimonio, organización y la vida de la Iglesia Metodista Unida; y que ha recibido entrenamiento específico para desarrollar habilidades en ser testigo de la fe Cristiana, por medio de la comunicación oral, el liderazgo en la iglesia, en la comunidad y en los ministerios de cuidado.

Los servidores laicos sirven a la iglesia local o con capacitación adicional, pueden servir más allá de su iglesia local en otras Iglesias, en el distrito o en la conferencia anual. El adiestramiento del servidor laico no es solo para la predicación. De hecho, hay muchos más cursos en otras áreas de ministerio, misión y formación espiritual.

La preparación para llegar a ser servidor laico:

- Manifieste a su pastor, su interés por prepararse como servidor laico. Los servidores laicos son recomendados por el pastor y el concilio administrativo de la iglesia o la conferencia de cargo.
- Regístrese para estudiar el Curso Básico de Oradores Laicos, ya sea al nivel de distrito o de la conferencia. Su pastor puede ayudarle a ponerse en contacto con la oficina de su distrito para obtener información sobre estas clases. Una lista de Directores de Ministerios de Servidores Laicos se puede encontrar en www.gbod.org/laity bajo Ministerios de Servidores Laicos.
- La preparación para llegar a ser un orador laico certificado incluye:
  > Prepararse como servidor laico de su iglesia local.
  > Tomar ventaja del curso avanzado de Ministerios de Servidores Laicos.
  > *El Libro de Disciplina* resumen los Ministerios de Servidores Laicos.

Orador Laico

Aunque el nombre del programa de desarrollo de liderazgo fue cambiado de Ministerios de Oradores Laicos, a Ministerios de Servidores Laicos, se hizo provisión para aquellas personas que tienen el don y el llamado a suplir el pulpito.

Un Orador Laico, es un servidor laico certificado que esta llamado y preparado para servir a la iglesia en suplir el púlpito. Los Oradores Laicos tienen que completar una lista específica de cursos provistos por el Programa de Ministerios de Servidores Laicos. Los Oradores Laicos son certificados por la conferencia anual, después de completar los cursos requeridos y ser examinados con recomendación del comité de distrito de Ministerios de Servidores Laicos. Los Oradores Laicos tienen que completar un curso avanzado y ser examinados de nuevo y recomendados por el comité de distrito, cada tres años para mantener su labor como oradores laicos.

Misioneros Laicos

Los Misioneros Laicos, son laicos comprometidos, mayormente voluntarios, que están dispuestos a ser entrenados y a trabajar en un equipo con un pastor mentor para desarrollar comunidades de fe, establecer ministerios comunitarios, desarrollar programas extendiendo la escuela de la iglesia, y se involucran en el desarrollo congregacional. Todos los misioneros laicos tienen que seguir las pautas establecidas por el Comité Nacional para Ministerios Hispano/Latinos y pueden ser certificados por su conferencia anual.

Los Misioneros Laicos pueden ser Hispanos o no Hispanos y deben seguir las pautas que se encuentran en el Plan Nacional para Ministerios Hispanos Latinos. Los pasos para llegar a ser un misionero laico son:

- Ser miembro activo de una congregación local de Iglesia Metodista Unida, o de la Iglesia Metodista de Puerto Rico y demostrar que valora la doctrina Metodista Unida y su tradición; que tiene conocimiento y compromiso con el Plan Nacional para el Ministerio Hispano/Latino.
- Entender, apreciar y afirmar la cultura Hispana que existe actualmente en los Estados Unidos.
- Recibir la recomendación de su pastor, o propiamente del comité de la iglesia local en la que usted participa.
- Completar los Módulos I y II del Programa de Capacitación.

Ministro Laico Certificado

Desde su comienzo, el ministerio de los laicos certificados ha pasado de ser un ministerio que provee liderazgo pastoral en congregaciones pequeñas, a incluir servicio como asistente de un pastor en una iglesia grande, dando liderazgo a ministerios de cuidado y salud congregacional, capellanía laica, comenzando Iglesias en los hogares, asociándose con esfuerzos plantando nuevas iglesias y otras posiciones de liderazgo variadas dentro de la iglesia.

Vea a www.gbod.org para más información.

Pasos a seguir para ser Ministro Laico Certificado:
- Hacerse orador laico certificado o completar una formación equivalente.
- Estudiar las pautas para el Ministerio Laico Certificado en el *Libro de Disciplina.*
- Estudiar y demostrar que valora la historia del Metodismo Unido, su organización y política, su doctrina, su culto y liturgia, por medio de su participación activa en su iglesia local.
- Recibir la recomendación de su pastor y el voto de aprobación del concilio administrativo de la Iglesia o de la conferencia de cargo.
- Completar los cursos recomendados por la Junta General de Discipulado y la Junta General de educación Superior y Ministerio.
- Someterse a un examen de aptitud para las tareas ministeriales.
- Recibir la recomendación del Superintendente de Distrito.
- Hacer solicitud por escrito al Comité de Distrito del Ministerio Ordenado.
- Comparecer ante el Comité de Distrito del Ministerio Ordenado para el reconocimiento de su caso y aprobación.

El Ministerio Laico Profesional Certificado

Las personas laicas que participan prestando su servicio a la iglesia pueden amplificar su aprendizaje, sus conocimientos y aptitudes para ser más eficaces en sus responsabilidades de servicio. Se puede obtener la certificación en diversas tareas del ministerio de la Iglesia. Estas incluyen la educación cristiana, ministerios con personas jóvenes, música, evangelismo, ministerios de campamentos y retiros, formación espiritual y ministerios con adultos mayores. Ver las páginas 55-56 para los pasos a seguir para la certificación en ministerios especializados.

Los líderes a todos los niveles dan un ejemplo a seguir a otros. La gente les aprecia como líderes, sean laicos o ministros ordenados, como ejemplos de cómo vivir la fe.

Diaconisas Comisionadas o Misioneros Locales (Nacionales)
Ver las páginas 20-23 para más información sobre este servicio de misión a tiempo completo de por vida.

Reflexión

- Delineé algunas conductas en que usted está proveyendo liderazgo de servicio ahora. ¿Cómo puede usted mejorar?

Pasos para Diaconisas o Misioneros Locales (Nacionales)

Las Diaconisas y Los Misioneros Locales son aprobados por medio de un proceso establecido por las Mujeres Metodistas Unidas, consagrados y comisionados por un Obispo en sitios aprobados por la junta de directores de la Iglesia Metodista Unida por medio de las Mujeres Metodistas Unidas. Ellas o ellos están disponibles para dar su servicio con cualquier agencia o programa de la Iglesia Metodista Unida. La Diaconisas y Los Misioneros Locales también pueden servir en agencias y programas de la Iglesia Metodista Unida, siempre y cuando, sea aprobado por las Mujeres Metodistas Unidas en consulta con el obispo del área que ha de recibir a la persona.

Requisitos para la Oficina de Diaconisa y Misioneros Locales (Nacionales)
1. Un llamado de Dios a servir a tiempo completo y de por vida en el servicio de misión como parte del diaconado laico.
2. Tener membresía en la Iglesia Metodista Unida.
3. Cumplir con el adiestramiento profesional, educación, y/o certificaciones para el ministerio al cual la persona es llamada.
4. Un nombramiento (con paga o sin paga) aprobado de amor, justicia y servicio a la hora de la consagración y comisión. Los

nombramientos pueden ser en una vocación relacionada a la iglesia o en una profesión de ayuda. Una diaconisa o un misionero local (nacional), deben mantener su membresía en una iglesia local de la conferencia anual donde estará sirviendo.

5. Continuación de la disciplina de discernimiento.
6. Conocimientos básicos Bíblicos, teológicos, y sociológicos del núcleo de estudios prescritos:
   a) Antiguo Testamento
   b) Nuevo Testamento
   c) Teología de Misión
   d) Historia de la Iglesia Metodista Unida
   e) Política y Doctrina de la Iglesia Metodista Unida

   Los estudios básicos se pueden tomar en una institución de educación superior Metodista Unida o en colegios, universidades, y/o seminarios que están aprobados por el Senado Universitario de la Iglesia Metodista Unida. Cursos intensivos (de una a dos semanas) y otras opciones de programas alternativos están disponibles. Cursos tomados anteriormente pueden ser revisados para aprobación de los estudios básicos. Asistencia financiera limitada basada en la necesidad está disponible para el curso de estudio de los cursos básicos.

7. Un compromiso a desarrollar a través de diversas formas de servicio, dirigido hacia el mundo para dar a conocer la misión de Jesucristo en su plenitud que manda a que sus seguidores:
   a) Alivien el sufrimiento.
   b) Erradiquen las causas de injusticia, que roba a la vida de dignidad y el valor.
   c) Faciliten el desarrollo del potencial humano en toda su plenitud.
   d) Compartan el construir la comunidad mundial a través de la iglesia universal.

Aplicación y Proceso de Candidatura para Diaconisas y Misioneros Locales (Nacionales)

- Después de un proceso de discernimiento en oración, que puede incluir la participación en un retiro de formación espiritual para diaconisas o misioneros locales, el solicitante debe llenar una solicitud para diaconisa o misionero Local. Esta forma está disponible en la página web de las Mujeres Metodistas Unidas o por el personal administrativo de la Oficina de Diaconisas y Misioneros Locales.

- La solicitud es procesada por la Oficina de Diaconisas y Misioneros Locales para su distribución a un comité de revisión y es compartida con el comité conferencial de servicio misionero apropiado.
- Por recomendación del comité de revisión, el solicitante es invitado para una entrevista personal, una entrevista psicológica, unas pruebas y participación en el curso de Teología de Misión. El solicitante debe ser entrevistado dentro de dos años de la primera invitación.
- Si es aprobado, el solicitante avanza a la etapa de candidato, donde se le asigna un mentor/entrenador y debe terminar los cursos básicos, con evaluaciones anuales sobre el progreso del candidato.
- Al completar o próximo a completar los estudios básicos, el candidato es invitado a participar en el siguiente entrenamiento programado para la preparación y el entrenamiento para consagración y comisión.
- Una evaluación de nombramiento, es sometido por la Oficina de Diaconisas y Misioneros Locales al obispo que haría el nombramiento para su aprobación.
- Al terminar todos los requisitos y la aprobación del nombramiento, el candidato es consagrado a la Oficina de Diaconisas y Misioneros Locales y comisionado por el Obispo en sitios aprobados por la junta de directores de Mujeres Metodistas Unidas. Las Diaconisas y Los Misioneros Locales tienen una relación que continúa con la Iglesia Metodista Unida a través de las Mujeres Metodistas Unidas.
- El nombramiento aprobado, es fijado por el obispo que hace el nombramiento.

Pasos Hacia el Ministerio Con Licencia y Ordenado

La candidatura para el ministerio ordenado, es el primer paso formal, a través del cual la persona inicia el proceso hacia la ordenación y membresía en la conferencia anual, como diácono o presbítero en plena conexión. Si desea conocer más sobre la candidatura o desea comenzar el proceso de candidatura para el ministerio ordenado, hable con su pastor u otro líder de la iglesia que le puede ayudar a explorar los próximos pasos para el ministerio.

Los pasos para el proceso de candidatura son establecidos por la Conferencia General y pueden variar, ya que los cambios y las actualizaciones se hacen cada cuatro años. Los procedimientos también pueden variar dependiendo de los requisitos de la conferencia anual donde el candidato aplique. Un listado detallado para el ministerio, junto con folletos que puede descargar o imprimir para más información, está publicado en www.gbhem.org/candidacy.

Photo courtesy of United Theological Seminary

Una Maestría en Divinidad de un seminario aprobado por el Senado Universitario es un requisito para ser ordenado como presbítero en la Iglesia Metodista Unida. Estos graduados son de la Universidad Teológica Unida, una de los 13 seminarios metodistas unidos.

Ya sea que se sienta llamado a servir como pastor local, diácono, o presbítero ordenado, todos aquellos que están sirviendo en ministerios con licencia y ordenados primero deben matricularse y completar el proceso de candidatura certificada.

En general, los pasos hacia el ministerio con licencia y ordenado incluyen:

Candidatura

- Contacte al pastor u otro clérigo para solicitar información sobre el proceso de candidatura.
- Ser miembro de la Iglesia Metodista Unida o ser un participante bautizado y participado en un sitio de ministerio Metodista Unida por lo menos un año.
- Leer el libro *El Cristiano Como Ministro* y otros recursos, identificados por su conferencia anual.
- Solicite por escrito al Superintendente de Distrito, que le admitan al programa de candidatura y que le asignen un mentor. Matricúlese en el Sistema de solicitud de candidatura en línea.
- Reciba aprobación del Comité de Relaciones Personal/Pastor y Parroquia y la Conferencia de Cargo para proceder como candidato.
- Tener una evaluación psicológica y otras verificaciones de antecedentes.
- Reunirse con el Comité del Distrito de Ministerio Ordenado para recibir aprobación de certificación para ministerio con licencia u ordenado.
- Servir en un ministerio con licencia como pastor local, completar los requisitos necesarios, para recibir la aprobación para la licencia de ministerio pastoral.
- Reunirse con el Comité de Distrito de Ministerio Ordenado anualmente para renovar su certificación de candidatura o aprobación para la licencia de ministerio pastoral.

Membresía Asociada

- Los Miembros Asociados sirven bajo la autoridad de una licencia, que no requiere renovación anual. Ellos tienen una relación continua con la conferencia anual que perdura hasta que el miembro se retire.

- Los Pastores Locales deben tener un mínimo de 40 años y cuatro años de servicio a tiempo completo como pastores locales antes de solicitar la membresía asociada.
- Cumplir con los requisitos para la membresía asociada, detallados en el Libro de la Disciplina y aplicar por medio de la Junta de Ministerio Ordenado para recibir una recomendación para la aprobación como miembro asociado.
- Para más información, vea www.gbhem.org/localpastors.

Membresía Provisional

- Cumplir con los requisitos educacionales incluyendo la educación de pregrado y postgrado.
- Hacer un examen teológico y presentar sus antecedentes penales y un examen médico aceptable.
- Tener una entrevista con la Junta de Ministerio Ordenado y recibir una recomendación para la sesión de presbíteros, para la membresía provisional.

Ordenación como Diácono o Presbítero

- Cumplir con un mínimo de dos años (y no más de ocho años) de membresía provisional.
- Servir por un mínimo de dos años bajo un nombramiento a tiempo completo mientras es miembro provisional.
- Cumplir con los requisitos establecidos por la Junta de Ministerio Ordenado de la conferencia anual para membresía provisional; entrevistarse con la Junta de Ministerio Ordenado para recibir una recomendación para la sesión de presbíteros para la ordenación y membresía plena.

Pasos para ser Obtener el Endoso

El endoso, es la credencial que certifica que la persona clériga efectúa un ministerio valido de la Iglesia Metodista Unida y ha presentado evidencia de una educación especializada y requerida, entrenamiento, habilidades y, cuando sea requerida la certificación profesional necesaria para desempeñar el ministerio. Una vez que la persona clériga ya no este sirviendo en esa situación particular, el endoso se pierde.

¿Quién necesita el Endoso?

El Libro de Disciplina establece que la Agencia Metodista de Endoso, es responsable por las personas designadas para los ministerios de atención pastoral en situaciones especiales, incluyendo, pero no limitadas; al ministerio en las fuerzas armadas, en las instituciones penitenciarias, al Departamento Federal de Asuntos de los Veteranos, y otros sitios o instituciones de asistencia de salud, consejería pastoral, el matrimonio y la familia, ministerios en las empresas, los ministerios de servicio a la comunidad, y otros ministerios relacionados que las Juntas de Ministerio Ordenado de las conferencias y los obispos designen. Los miembros del clero que sean nombrados a cualquiera de estos ministerios de extensión deberán recibir el endoso eclesiástico.

¿Qué es el Endoso Eclesiástico?

El endoso eclesiástico es el proceso establecido por la iglesia, para asegurar que los clérigos tengan las habilidades, capacidades, y que sean los representantes apropiados de la denominación para servir en ministerios especializados. Tanto empleadores como los cuerpos de certificación profesional miran hacia cuerpos de endoso religiosos por este endoso porque:

- Dan fe de la aptitud de la persona para el ministerio en un sitio en particular;
- Obtiene el respaldo de la denominación para el ministerio de uno más allá de la iglesia local.
- Provee una garantía que el clérigo está en buen estado físico y mental y se puede ser nombrado por el Obispo; y
- Hace una afirmación de que el clérigo podrá llevar acabo los derechos religiosos de las personas dentro de la institución o al alcance de la atención de la organización.

Si un individuo se mueve de un sitio a otro, el endoso de esa persona será renovado y, si es aprobado, será enviado para el nuevo sitio.

Desde solicitud hasta endoso, el proceso normalmente se toma de dos a cuatro meses.

La aprobación eclesiástica es provista para ciertos sitios civiles/voluntarios (e.g. Patrulla Aérea Civil, capellanías de bomberos, policías, o centros de atención de crisis, etc.), certificaciones organizacionales y para estudiantes de seminario que están buscando inscribirse en el programa de candidatura a la capellanía militar. Una aprobación eclesiástica no es lo mismo que un endoso.

Requisitos para el Endoso Eclesiástico

Las personas que solicitando el endoso eclesiástico para un sitio específico deben cumplir con los criterios siguientes:

- Ser un diácono, presbítero, miembro provisional o miembro asociado de una conferencia anual.
- Ser graduado de un colegio acreditado y de un seminario.
- Completarlos requisitos adicionales especificados por el sitio.

Requisitos para la Aprobación Eclesiástica

Los Pastores Locales que desean servir en un ministerio en un sitio especializado pueden aplicar a la Agencia Metodista Unida de Endoso para estatus de aprobación eclesiástica.

El Proceso de Endoso

- Ponerse en contacto con la Agencia Metodista Unida de Endoso (UMEA por sus siglas en inglés) por correo postal, teléfono o correo electrónico, para recibir una solicitud (www.gbhem.org/chaplains).
- Los solicitantes son responsables de proveer los materiales requeridos en la solicitud a la UMEA.
- Proveer los nombres y direcciones de dos referencias personales y su superintendente de distrito.
- Proveer por escrito sus datos personales y un informe de su labor ministerial.
- Completar el proceso de la entrevista.

La Entrevista

- El comité central de entrevistas lo componen capellanes endosados. En cuanto sea posible, por lo menos uno de los miembros del comité, debe representar el sitio del ministerio para el cual se pide el endoso.
- El propósito de la entrevista es que el comité pueda apreciar la percepción de su fe y la afinidad de esta, al ambiente en que tiene interés de efectuar su ministerio.
- Un miembro de la comisión servirá como su presentador y estará familiarizado con los detalles de los materiales que usted presentara. El comité le informara su decisión en la misma ocasión de la entrevista.
- Después de la entrevista, el comité hará una recomendación al comité de endoso.
- El comité de endoso está autorizado para conceder o denegar el endoso eclesiástico. Este comité está compuesto por miembros electos al Consejo Directivo de la Junta General de Educación Superior y Ministerio. El comité se reúne tres veces al año y es responsable por acatar el reglamento y el proceso respecto al endoso. El endoso tiene validez, solamente mientras ejerza su ministerio bajo el nombramiento para el cual se le concedió el endoso.

Cambio de Ubicación del Endoso

Deberá ponerse en contacto con la UMEA si cambia de sitio, ya que necesitará un nuevo endoso. El endoso de un ministerio para la capellanía no garantiza empleo o nombramiento. Las entidades respectivas que emplean, establecen sus propios criterios sobre los cuales la iglesia no tiene ninguna influencia. Por ejemplo, el límite máximo de edad para el ingreso inicial, la habilidad física y la aprobación de seguridad, son requisitos que determinan las propias dependencias militares. La Oficina Federal de Prisiones, tiene requisitos similares. Otros tipos de endose, a menudo requieren que la persona tenga experiencia especializada y la documentación correspondiente, que avale su eficacia en ese ministerio. Otras entidades pueden requerir que sea miembro de una organización de cuidado pastoral.

Los capellanes militares viajan por todo el mundo para ofrecer ritos y sacramentos como el bautismo a todos los que están en necesidad o se encuentran lejos de una iglesia local.

El Endoso de los Diáconos

Son cuatro los factores componentes para el servicio de capellán: el nombramiento, el endoso, la certificación y el empleo. El diácono puede ser nombrado para servir como capellán: si la solicitud de nombramiento es aprobada por el obispo; si se le concede el endoso; si el diácono está preparándose para la certificación, y si algún organismo le ofrece empleo.

Es fundamental entender que los diáconos no están autorizados para administrar los sacramentos y por lo tanto, no pueden ser elegibles para todos los sitios que requieran su endoso. Los diáconos son elegibles para su endoso a sitios de carácter no militar, y deben cumplir los mismos requisitos que los presbíteros; los miembros a prueba o en plena conexión en la conferencia, su formación, su experiencia y certificación según proceda. El endoso a dependencias militares se limita a los presbíteros ordenados debido a los requisitos para la administración de los sacramentos de esos sitios.

90

La Capellanía Civil

Las normas para el endoso, incluyen el tener la relación y/o certificación por parte de la organización nacional correspondiente de organizaciones profesionales de atención pastoral.

Las organizaciones reconocidas son:

- Asociación Americana para la Terapia del Matrimonio y Familia (AAMFT), www.aamft.org
- Asociación Americana de Retraso Mental/División Religiosa (AAIDD), www.aaidd.org
- Asociación Americana de Consejeros Pastorales (AAPC), www.aapc.org
- Asociación Americana de Capellanes de Instituciones Correccionales (ACCA), www.correctionalchaplains.org
- Asociación para la Educación Clínica Pastoral (ACPE), www.acpe.edu
- Asociación de Capellanes Profesionales (APC), www.professionalchaplains.org

Paul Jeffery/UM News Service

Tammi Mott, una Metodista Unida de Unadilla, Nueva York, ayuda con la reconstrucción de una casa en el pueblo de Anata.

- Colegio de Supervisión Pastoral y Psicoterapia (CPSP), www.cpsp.org
- Federación de Capellanes de Bomberos (FFC), www.firechaplains.org
- Federación Internacional de Entrenadores, www.coachfederation.org
- Conferencia Internacional de Capellanes de la Policía (ICPC), www.icpc4cops.org
- Instituto Nacional de Capellanes de Empresas e Industria (NIBIC), www.nibic.com
- Asociación Nacional de Capellanes de Asuntos de Veteranos (NAVAC), www.navac.net
- Esta información de contactos también se puede obtener en la página web de UMEA: www.gbhem.org/chaplains o llamando al 615-340-7411, o por correo electrónico al: umea@gbhem.org.

En circunstancias no cubiertas por los organismos reconocidos de certificación, la Junta General de Educación Superior y Ministerio establecerá las normas mínimas que pueden incluir la capacitación especializada para el tipo de ministerio de quien solicita el endoso, y puede requerir al menos un año de entrenamiento clínico, supervisado y una experiencia profesional compatible.

Sitios Civiles de Endoso
- Hogares de Niños
- Educación Clínica Pastoral
- Hospitales Generales
- Hospicios
- Entrenador de Vida
- Terapia del Matrimonio y la Familia
- Salud Mental
- Consejería Pastoral
- Policía
- Cárcel/ Institución Correccional
- Centro de Jubilados
- Abuso de Sustancias
- Asuntos de Veteranos Militares
- Sitios de empleo

Capellanía Militar
Ejercito: Activo, Reserva, Guardia Nacional
La Naval: Servicio Activo, Reserva
Fuerza Aérea: Servicio Activo, Reserva, Guardia Nacional Aérea
Requisitos básicos para el nombramiento inicial de servicio activo o de reserva:

- Ser ciudadano de los Estados Unidos.
- Estar capacitado físicamente para el servicio general según el examen militar.
- Satisfacer los requisitos que determinen los militares.

Los solicitantes son responsables de ponerse en contacto con la rama militar específica para la que solicitan el endoso. Para información de contacto con la rama militar que le interese, contacte a la Agencia Metodista Unida de Endoso, www.gbhem.org/chaplains.

Pasos para Obtener la Certificación en Áreas de Ministerios Especializados

La certificación en educación cristiana, el ministerio con personas jóvenes, los ministerios de música, la evangelización, el ministerio de campamentos de retiro, el ministerio con personas mayores, y el ministerio de formación espiritual de la Iglesia Metodista Unida, fue resultado del deseo de las personas involucradas en estos ministerios por servir a la Iglesia con mayor excelencia. Esta certificación está a disposición de los laicos, diáconos, presbíteros, pastores locales y ministros diaconales que reúnan los requisitos.

La certificación, es el reconocimiento de la iglesia de que la persona ha cumplido con las normas estipuladas de su formación académica, experiencia y continuación de estudios necesarios, para obtener y mantener el grado de excelencia profesional especializada en ciertos campos de ministerio.

La necesidad de la iglesia de que las personas puedan servir en la medida de lo posible, hace del proceso de certificación de la Iglesia Metodista Unida un paso cada vez más importante. Para una lista actualizada de áreas disponibles para certificación, vea www.gbhem. org/certificacion.

La Certificación de Licenciatura

Esta certificación está disponible para aquellas personas que hayan obtenido un título de postgrado en un área de especialización que incluya los cursos básicos aprobados; y para las personas que tengan un diploma de licenciatura y completado los cursos básicos de su área de especialización. En ambos casos, los cursos deben tomarse en una institución aprobada por la Junta General de Educación Superior y Ministerio (GBHEM).

Los pasos detallados para la Certificación en Áreas de Ministerios Especializados están publicados en www.gbhem.org/certifcation.

Los pasos incluyen:

- Informar al secretario del registro de la junta de ministerios ordenados de la conferencia anual.
- Matricularse con GBHEM y la conferencia anual en el proceso de certificación para ministerios especializados.
- Cumplir con los requisitos personales y de la iglesia, delineados en la solicitud.
- Completar los requisitos académicos, incluyendo los cursos de certificación requeridos para el área del ministerio especializado. La ayuda financiera está disponible para completar los cursos de certificación.
- Completar dos años de experiencia en el área de ministerio especializado.
- Solicitar la certificación a través de www.gbhem.org/certification. Someter las cartas de referencia, completar los antecedentes y la evaluación psicológica.
- Entrevistarse con la Junta de Ministerios Ordenados para determinar las calificaciones para certificación de ministerio especializado.

Certificación de Licenciatura

Esta certificación está a disposición de personas graduadas con licenciatura en un área especializada de ministerio, siempre que el programa haya sido aprobado por la Junta General de Educación Superior y Ministerio. Para obtener una lista de las instituciones aprobadas, consulte la página web de GBHEM al www.gbhem.org/certification. Después de graduarse, estas personas deben servir un período de dos años en su área de ministerio especializado antes de solicitar su certificación.

La Certificación Para-profesional

La certificación para-profesional está disponible para aquellas personas que trabajan en ministerios especializados a través de programas aprobados por la Junta General de Educación Superior y Ministerio. Estos programas son provistos en algunas jurisdicciones, conferencias anuales, colegios y seminarios. La certificación para-profesional no tiene crédito académico y ha sido diseñada exclusivamente para personas que tienen por lo menos 35 años de edad y que no han tenido oportunidad de completar los estudios de licenciatura pero siguen en busca de una formación especializada de ministerio.

Para solicitar la certificación pregrado o para-profesional, cumpla con los requisitos delineados anteriormente y detallados en www.gbhem.org/certifcation.

Capítulo Cuatro
Guía Para Usar del Texto

Una de las tareas más significativas que usted tiene, aparte del privilegio de disfrutar como diácono, presbítero, pastor local, capellán, ministro universitario, o persona del clero de la Iglesia Metodista Unida, es la de ayudar a identificar, asesorar y apoyar a las personas que se sienten llamadas al liderato de servicio pastoral de nuestra denominación. Para muchos, esta responsabilidad no es tanto el cumplimiento de un cometido, como el gozo y la satisfacción de poder relacionarse con estas personas en uno de los momentos más importantes de su vida, el de tomar una decisión profesional.

Usted puede ayudar a estas personas a considerar varias opciones profesionales:

- Puede familiarizarles con este texto que les sirve de guía para conocer las oportunidades de servicio que ofrece la Iglesia Metodista Unida.
- Puede reunirse con ellas para utilizar el libro, *El Cristiano como Ministro*, como medio de conversación para considerar juntos el significado de la vocación Cristiana.
- Puede ayudarles a ver más allá de los requisitos aparentemente

formales e impersonales para el ministerio de la Iglesia Metodista Unida, y así apreciar la firme intención de la iglesia por encontrar personas eficaces para el liderazgo pastoral.

- Puede ayudar a personas a que se interesen en examinar varias posibilidades de liderazgo en la iglesia, reconocer su potencial personal de liderazgo y poner a prueba sus habilidades para ese liderazgo.
- Puede ser que usted tenga conocimientos de su ambiente familiar y otros antecedentes que pueden ser útiles a las personas o comisiones que les consideren para el servicio ministerial.
- Conéctelos con eventos en su conferencia anual, tal como una Orientación para el Ministerio o un retiro enfocado en llamado, de modo que pueda proveer más oportunidades para discernimiento.

Si tiene conocimiento de factores comprometedores, que signifiquen que no se debe alentar a la persona a considerar una forma determinada de ministerio, es importante que hable directamente de esto con la persona. Independientemente de los resultados de la investigación, su preocupación es la misma, tanto para la persona interesada como para las necesidades futuras de liderazgo de la iglesia.

Usando El Cristiano como Ministro como un Guía Vocacional con Otros

El Cristiano como Ministro fue escrito para ayudarle a usted a impartir orientación profesional a otras personas. Las siguientes pautas le pueden ser útiles:

- Lea cuidadosamente El Cristiano como Ministro y participe en algún taller de formación, ofrecido por el comité de distrito o la Junta de Ministerios Ordenados de la conferencia.
- Al usted familiarizarse con el contenido de este texto vocacional, más preparado estará para informar y aconsejar a las personas que se sienten llamadas al servicio ministerial o al liderazgo de servicio. También puede ser que descubra nueva información acerca de las diversas opciones que hay para el servicio ministerial, las normas y los requisitos.

- Haga un pedido de varios ejemplares de *El Cristiano como Ministro* para su cuarto de lectura, la biblioteca de la Iglesia, la oficina o lugar de empleo.
- Use secciones de *El Cristiano Como Ministro*, con su Comité de Relaciones de Personal Pastor/Parroquia, clases de confirmaciones o cualquier otro grupo que se interese por estudiar el significado de la vocación cristiana.
- Regale un ejemplar a las personas que estén considerando la posibilidad de involucrarse en un trabajo relacionado con la iglesia y dele seguimiento con preguntas que ellos puedan tener en cuanto a discernir su llamado.
- Vea www.explorecalling.org para aprender más sobre cómo identificar sus dones espirituales.

Usando El Cristiano como Ministro como Guía de Estudio con el Comité de Relaciones de Personal/Pastor Parroquia

- Ayude a este comité a obtener una mejor comprensión de la teología del ministerio.
- Repase la responsabilidad de este comité de entrevistar y recomendar candidatos para el ministerio ordenado y con licencia, a la conferencia de cargo
- Explique los pasos que debe tomar todo candidato para entrar al ministerio ordenado o con licencia.
- Hable de los recursos que la Iglesia ofrece, para ayudar a la persona que se interese por entrar a una ocupación relacionada con la Iglesia.
- Identifique otros medios que se ofrecen a través del distrito, la conferencia o las agencias generales de la iglesia, que también pueden ofrecer su ayuda.

Ofrézcase para asesorar a personas que están interesadas por informarse de las ocupaciones relacionadas con la iglesia
- Explore el significado de la misión de Dios, el llamado de Cristo al liderazgo de servicio, comprensión de la vocación y opciones que existen para ejercer el ministerio en la Iglesia Metodista Unida.

- Ayude a las personas interesadas a verse a si mismas como las ven los demás; y a poder apreciar los dones y gracia que pueden aportar a las distintas opciones profesionales de ministerios.
- Expóngales a una variedad de formas de ministerio por medio de la investigación, observaciones y entrevistas.
- Anímeles a considerar una variedad de opciones, antes de comprometerse a una mayor investigación.
- Una vez que tomen una decisión tentativa, explique los pasos a seguir para que puedan hacer una realidad, esa elección profesional.

Manteniendo la Confidencialidad

- Las personas que investigan las ocupaciones relacionadas con la iglesia, necesitan libertad para explorar por sí mismos las opciones profesionales sin que se divulguen prematuramente sus intenciones.
- La confidencialidad, es necesaria para evitar el compromiso prematuro de una congregación a un candidato. Cuando esto ocurre, siempre se corre el peligro de que la persona interesada responda bajo presión, comprometiéndose a una elección equivocada; o también puede ser que sea una elección correcta, pero por motivos equivocados.
- La confidencialidad durante la etapa de investigación, es indispensable para quienes contemplan hacer un cambio de carrera profesional. A menudo, la persona que está empleada sufre una presión innecesaria, cuando se descubre que está considerando hacer un cambio de carrera.

Capítulo Cinco

Guía para el Comité de Relaciones de Personal/Pastor y Parroquia

El reclutamiento, orientación, y apoyo de los candidatos para el ministerio ordenado o con licencia en la Iglesia Metodista Unida, no es responsabilidad solamente del clero. Es tarea que se comparte entre el pastor y el comité de Relaciones de Personal Pastor y Parroquia (P/SPRC).

Las responsabilidades del comité incluyen reclutar, entrevistar, evaluar, revisar, y recomendar candidatos para ministerio con licencia u ordenado o aquellos aplicando para servicio misionero. El comité comparte los nombres de candidatos con la conferencia de cargo y monitorea el progreso de todos aquellos matriculados en el proceso de candidatura y ordenación.

Por el bien de los candidatos y el fortalecimiento del ministerio en la Iglesia Metodista Unida, esta responsabilidad del Comité de Relaciones de Personal/Pastor y Parroquia no debe tomarse a la ligera. Los candidatos necesitan la afirmación y el apoyo del comité para ingresar a la candidatura para el ministerio ordenado o con licencia.

Necesitan los recursos que el Comité de Relaciones de Personal/Pastor y Parroquia puede coordinar en la iglesia local para los candidatos que recomienda. Los candidatos también se beneficiaran del contacto frecuente con este comité mientras se preparan para cumplir con las metas de estudios y demás requisitos de su opción profesional.

Nadie conoce mejor a los candidatos que los miembros de la iglesia local. La recomendación del Comité de Relaciones de Personal/Pastor y Parroquia, la conferencia del cargo, y por consiguiente la recomendación de la Conferencia de Cargo al Comité de Distrito del Ministerio Ordenado es el acceso primario por el cual todos los candidatos deben pasar para entrar al ministerio ordenado o con licencia. Esta es la única situación en que la *Disciplina* requiere la aprobación de los dirigentes laicos de la iglesia local en el proceso de selección de la candidatura. Es la oportunidad que la iglesia local tiene de estar segura de que los candidatos para el ministerio responden a los criterios y expectativas de la iglesia local. Si a usted le preocupa la calidad de liderazgo ministerial de nuestra denominación hoy en día, este es uno de los sitios para hacer frente a esa necesidad.

Por último, hay que señalar que aunque la *Disciplina* exige que solos los candidatos para el ministerio ordenado o con licencia, sean guiados y apoyados a través del Comité de Relaciones de Personal/Pastor y Parroquia, no hay razón alguna por la que este Comité no participe también en el reclutamiento de personas para todas las formas de servicio cristiano. Si el Comité, el pastor, y la Junta o Consejo Administrativo lo determinan, el Comité puede tener un impacto importante en la manera en que la iglesia local considera la cuestión de la vocación cristiana y la calidad de las personas inscritas para las diversas formas de servicio relacionadas con la iglesia. Si esta tarea se cumple debidamente, no solo afirma a las personas que identifica como líderes potenciales de servicio pastoral, sino que también amplía la visión de la congregación en cuanto a la naturaleza de la vocación cristiana. También despierta a la iglesia a responsabilidad que tiene de hacer frente a las necesidades pastorales de la iglesia, y confiere a la iglesia local la satisfacción de saber que desempeña un papel importante en la formación del ministerio para el futuro.

Instrucciones para los Miembros del Comité de Relaciones de Personal/Pastor y Parroquia

- Repase con su pastor y con otros miembros del clero *El Cristiano como Ministro*. Y de ser necesario, aclaren el papel del Comité en el reclutamiento de candidatos para el ministerio.
- El presidente del Comité de Relaciones de Personal/Pastor y Parroquia deberá reunirse con el candidato, antes de la entrevista, para poner en claro el propósito de la reunión y las expectativas de los miembros del Comité.
- Si esperan recibir una declaración de su llamado por escrito, llegaran a un acuerdo sobre la forma en que esta declaración será presentada y lo informaran previamente al candidato.
- La entrevista con el candidato puede ser informal y espontánea. Si se invita al candidato a hacer una breve declaración oral de su decisión e intereses, los miembros del comité y el candidato tendrán libertad de tratar los asuntos que les parezcan importantes.
- Durante la entrevista, el comité puede tomar en cuenta las preguntas históricas de Juan Wesley de 1746. Estas preguntas se hacen a toda persona al iniciar el proceso de candidatura para el ministerio con licencia o el ministerio ordenado.

Candidatos son entrevistados con las Preguntas Históricas de Wesley en mente mientras el Comité discierne los próximos pasos para la persona respondiendo al llamado al ministerio con licencia u ordenado.

1) ¿Conocen a Dios como un Dios perdonador? ¿Mora el amor de Dios en ellos? ¿No desean sino solo a Dios? ¿Son santos en toda forma de conversación?

2) ¿Tienen dones, así como evidencia de la gracia de Dios para la obra? ¿Tienen un entendimiento claro y recto; una concepción justa de la salvación por fe? ¿Hablan de forma justa, presta, y clara?

3) ¿Tienen fruto? ¿Están verdaderamente convencidos de pecado, se han convertido a Dios y son otros creyentes edificados por medio de su servicio?

La decisión que tome el Comité de Relaciones de Personal/Pastor y Parroquia debe basarse en algo más que la apariencia de la persona y la presentación que haga ante el Comité. También debe tomar en consideración la efectividad de servicio de la persona en la vida de la iglesia local sobre un periodo significativo de tiempo. Este es el motivo por el cual se exige el candidato haya sido miembro en buena relación con su iglesia local o un participante que haya sido bautizado y activo en la iglesia local u otro sitio de ministerio Metodista Unido por lo menos un año.

Mientras el Comité entrevista a un candidato para el ministerio, las siguientes preguntas pueden ser de ayuda:

- ¿De qué maneras ha experimentado el candidato el perdón y la gracia de Dios? ¿Se manifiestan en la forma en que él o ella los vive? ¿Cómo?

- ¿Tiene esta persona hábitos personales que dan realce a su testimonio como persona cristiana?

- ¿Qué dones, habilidades, capacidades, tiene esta persona? ¿Puede él o ella expresarse con claridad y cómodamente ante un grupo numeroso o en un grupo pequeño de discusión? ¿Qué impresión o sensación le causa a usted estar con esta persona? ¿Es el candidato una persona que demuestra ser positiva, segura, preparada, relajada, abierta, y amigable?

- ¿Cómo se relaciona el candidato con los miembros de su familia? ¿Apoyan sus familiares (padres, hermanos, conyugue) la candidatura de esta persona para el ministerio? ¿Desaniman a esta persona algunos miembros de su familia? ¿Por qué? ¿Dan la impresión algunos miembros de su familia que empujan a esta persona a seguir alguna forma de ministerio como carrera? Si lo hacen, ¿de qué manera lo hacen?

- ¿Tiene esta persona la capacidad intelectual (adecuada a su edad), para estudiar la Biblia de manera provechosa y con facilidad, entender los temas teológicos y el propósito de la carrera que persigue? ¿Ha obtenido buenas calificaciones en la escuela secundaria y los estudios universitarios?

- ¿Cómo se relaciona esta persona con las personas en puestos de autoridad, como son los líderes de la iglesia, pastores, administradores, profesores, empleadores y otros que supervisan de alguna forma su trabajo? ¿Es el candidato una persona independiente y asertiva, pero agradable y cooperativa?

- ¿Qué pruebas hay, relacionadas con la eficacia del liderazgo de esta persona, que haya demostrado en su trabajo en la iglesia? Descríbalas. ¿En qué medida fueron estas actividades resultado de su propia iniciativa y sus habilidades en comparación con haber sido más la labor de otra persona, que él o ella simplemente ha seguido utilizando?
- ¿Qué otra pruebas ha demostrado esta persona de su futuro potencial?
- ¿Qué tan comprometida esta la persona con el evangelio de Cristo y con el servicio ministerial de la Iglesia Metodista Unida? ¿En qué medida le interesan a él o ella, el sueldo, el prestigio, y los demás beneficios? ¿Cómo responde ante el desaliento, el fracaso, los desacuerdos, y demás experiencias adversas que a menudo se viven en el ministerio? ¿Se sentirá cómoda esta persona con las posibles restricciones que el ministerio del marco conexional del Metodismo Unido pueda imponerle en determinadas situaciones?
- ¿Qué otras pruebas tiene usted de que esta persona aumentara y mejorara la calidad de ministerios de la Iglesia Metodista Unida?

Antes de que se recomiende al candidato a la Conferencia de Cargo, el presidente y el pastor pueden sugerir a los miembros del Comité, si no lo han hecho, que obtengan los comentarios informales y confidenciales de miembros de la iglesia que conocen bien al solicitante. Si se han expresado preocupaciones acerca de la aptitud del solicitante para el ministerio ordenado o con licencia, el Comité de Relaciones de Personal/Pastor y Parroquia, puede retrasar la recomendación a la Conferencia de Cargo, hasta que haya tenido tiempo suficiente para aclarar esas inquietudes y conversar con el/la solicitante acerca de ellas.

Cuando se anuncia a la congregación que la Conferencia de Cargo someterá a votación la recomendación del candidato para el ministerio ordenado o con licencia, se extiende la invitación a toda persona que desee hablar en privado y confidencialmente con el pastor o con el presidente del Comité de Relaciones de Personal/Pastor y

Parroquia sobre el solicitante. De esta manera es más probable que las diferentes opiniones sean escuchadas dando oportunidad de tratar cualquier comentario negativo de forma constructiva.

En caso de que surjan posibles problemas a partir de cualquiera de estas fuentes de información, el pastor y el presidente del Comité de Relaciones de Personal/Pastor y Parroquia pueden decidir cómo tratarlos de forma más constructiva con el solicitante. Puede ser que se precise consultar más detalladamente a la persona que ofreció la información negativa; de demorar la recomendación a la Conferencia de Cargo; o de tomar otras medidas antes de la conferencia, si se considera que la conferencia no pueda ser capaz de tratar esos asuntos en una reunión abierta.

Si la notificación de la reunión se ha hecho en forma debida y no hay problemas graves que se tengan que tratar en privado con el solicitante, la reunión de la Conferencia de Cargo ofrecerá a la congregación la oportunidad de expresar formalmente su respaldo al solicitante.

La Recomendación de la Conferencia de Cargo

- El presidente del Comité de Relaciones de Personal/Pastor y Parroquia debe revisar y hacer hincapié a la importancia de la decisión que se presenta a la Conferencia de Cargo, citando algunas declaraciones de la Disciplina o de las preguntas sugeridas al Comité de Relaciones de Personal/Pastor y Parroquia para ayudar a los miembros presentes a apreciar la importancia y desafío del ministerio con licencia o el ministerio ordenado.
- El presidente puede conceder la oportunidad al candidato de dirigir unas breves palabras ante la conferencia como manera de presentarse o refrescar el conocimiento de su persona a los que están presentes.
- El presidente del Comité de Relaciones de Personal/Pastor y Parroquia deberá a su vez informar sobre la recomendación del Comité a la Conferencia de Cargo, explicando más detalladamente las razones que motivan su recomendación.
- En seguida se dará oportunidad para que otras personas comenten y presenten pruebas que apoyen o no esta recomendación.

- El tono general y el ambiente de la reunión de la Conferencia de Cargo deberá ser cálido, relajado y flexible, para permitir que se efectúe un examen cómodo y serio de la decisión.
- Los miembros de la Conferencia de Cargo y el Comité de Relaciones de Personal/Pastor y Parroquia deberán tener presente estos dos objetivos en su decisión:
  1) Hacer lo que se considere ser de mayor beneficio para la Iglesia Metodista Unida y la mejoría de su ministerio.
  2) Expresar interés pastoral por la persona, independientemente del resultado de la decisión.

El Comité de Relaciones de Personal Pastor/Parroquia debe considerar la manera en que puede mantener su relación y contacto con los candidatos que recomienda. Los candidatos para el ministerio ordenado requieren una recomendación anual del Comité y de la Conferencia de Cargo, hasta que se les otorgue reconocimiento como pastores locales, o miembros a prueba, de la conferencia anual.

Para una mayor orientación sobre la labor del Comité de Relaciones de Personal/Pastor y Parroquia con los candidatos para el ministerio, consulte la *Guía Para Dirigir la Congregación: Relaciones de Personal/Pastor y Parroquia*, disponible en Cokesbury.

Apéndice

Seminarios Teológicos Metodistas Unidos

Boston University School of Theology
Escuela de Teología – Universidad de Boston
www.bu.edu/sth

Candler School of Theology, Emory University
Escuela de Teología – Universidad Emory
www.candler.emory.edu

Claremont School of Theology
Escuela de Teología Claremont
www.cst.edu

Drew Theological School
Escuela de Teología – Universidad Drew
www.drew.edu/theo

The Divinity School, Duke University
Escuela de Divinidad – Universidad Duke
www.divinity.duke.edu

Gammon Theological Seminary
Seminario Teológico Gammon
www.gammonseminary.org

Garrett-Evangelical Theological Seminary
Seminario Teológico Garret-Evangelical
www.garrett.edu

Iliff School of Theology
Escuela de Teología Iliff
www.iliff.edu

Methodist Theological School in Ohio
Escuela Metodista Teológica en Ohio
www.mtso.edu

Perkins School of Theology
Escuela de Teología Perkins
www.smu.edu/perkins

Saint Paul School of Theology
Escuela de Teología Saint Paul
www.spst.edu

United Theological Seminary
Seminario Teológico Unido
www.united.edu

Wesley Theological Seminary
Seminario Teológico Wesley
www.wesleyseminary.edu

www.ingramcontent.com/pod-product-compliance
Lightning Source LLC
Chambersburg PA
CBHW051211090426
42740CB00022B/3465

* 9 7 8 1 7 9 1 0 4 1 1 0 6 *